Vismay G. Huber

Body, Soul und Tantra

Geheimnis der Ekstase

W0194598

Im FALKEN Verlag sind zahlreiche weitere Titel zu den Themenbereichen „Sexualität, Erotik und Partnerschaft" erschienen.
Sie sind überall erhältlich, wo es Bücher gibt.

Sie finden uns im Internet: **www.falken.de**

Der Text dieses Buches entspricht den Regeln der neuen deutschen Rechtschreibung.

Dieses Buch wurde auf chlorfrei gebleichtem und säurefreiem Papier gedruckt.

Originalausgabe
ISBN 3 635 60122 5

Umschlaggestaltung: Zembsch' Werkstatt, München
Redaktion: Anja Schmidt, München/Vera Baschlakow
Herstellung: Horst Bachmann
Satz: DM-SERVICE Mahncke & Pollmeier GmbH & Co. KG, Rodgau
Druck: Freiburger Graphische Betriebe GmbH, Freiburg

Die Ratschläge in diesem Buch sind von dem Autor und vom Verlag sorgfältig erwogen und geprüft, dennoch kann eine Garantie nicht übernommen werden. Eine Haftung des Autors bzw. des Verlags und seiner Beauftragten für Personen-, Sach- und Vermögensschäden ist ausgeschlossen.

817 2635 4453 6271

Inhalt

Inhalt

Inhalt

Dieses Buch widme ich den Frauen in meinem Leben:
meiner Tochter Myriel, meiner Lebenspartnerin Diana,
meiner spirituellen Begleiterin Ostera,
meiner einzigen Brieffreundin Kaya und
meiner Mutter

Vorwort

Als Kind war ich am meisten von zwei Dingen beeindruckt: zum einen davon, dass die Welt grenzenlos ist, sie hat keinen Anfang und kein Ende, so wie alle anderen Dinge, sie ist einfach nur da. Das zweite war, dass die Zeit ewig ist, unendlich, sie hat nie begonnen, sie hört nie auf, sie ist jetzt. Ich fragte meine Eltern immer wieder danach und immer bekam ich die gleiche Antwort: Die Erklärbarkeit der Dinge endet irgendwo. Ich empfand ein großes Staunen.

Unendlich, ewig sind magische Begriffe, ein zeitloser Raum tut sich mit ihnen auf, das Sosein der Dinge. Das Denken hört auf, es kann diesen Raum ohne Grenzen nicht erfassen. Unser Intellekt kann angesichts der Ewigkeit nur kapitulieren. Und da entfaltet sich jenseits vom gewohnten logischen Denken eine weit größere Kraft: menschliches Bewusstsein – eines der Tore des Tantra, ein weiteres magisches Zauberwort.

Aber was verbirgt sich eigentlich hinter diesem Tantra? Vielleicht haben Sie sich das gefragt, als Sie dieses Buch zur Hand nahmen. Erst einmal kann Tantra eher geschmeckt, gekostet und erlebt werden als mit Worten beschrieben. Es kann erspürt, gefühlt, erfahren, erforscht werden. Was also fasziniert Sie an Tantra? Was hat Sie an diesem Buch angezogen? Was möchten Sie erfahren über Ihren Körper, Ihre Seele? Im Erforschen dieser Fragen können Sie Ihre ureigene Fährte ins Tantra aufspüren. Vielleicht möchten Sie mit mir für einen Moment innehalten, um Kontakt mit dieser Fährte aufzunehmen. Denn genau so funktioniert es: Tantra eröffnet sich, während Sie sich selbst erforschen, so wie Sie genau jetzt, in diesem Moment gerade sind: Ihre Seele, Ihr Körper, Ihre Gefühle.

Für mich ist Tantra der Tanz des Seins, den ich in meinen Zellen vibrieren spüre als pure Lebenskraft, als meine menschliche Natur, die in ihrer Essenz zuallererst einmal sexuell ist, denn schöpferische, sexuelle Energie ist der Initialfunke der Schöpfung. Tantra hat diese Tatsache im Laufe der Jahrtausende schon immer geehrt und gefeiert. Mehr noch, es spricht den Sex heilig, so wie alles andere auch, den Tod, die Geburt, die Geschäfte, das tägliche Leben. Alles ist heilig und alles ist profan. Tantra hat keine Moral, es wertet keinen Sonnenaufgang höher als den Ausbruch eines Vulkans, es stellt einfach fest, es ist genauso wissenschaftlich wie magisch, es erforscht. Und diese innere Haltung des wachen Erforschens ist ein weiteres Tor des Tantra. Denn wach und bewusst sein, ohne zu bewerten lässt uns ins Leben, in unseren Körper, in unsere Seele hinein entspannen. Welch eine Herausforderung – uns zu entspannen inmitten der chaotischen und animalischen Natur unseres psychischen und sexuellen Wesens, das ebenso geil ist wie dynamisch, ebenso berauschend wie unbezähmbar, ekstatisch, roh, unterdrückt, bedrohlich, abstoßend, schmerzlich oder zärtlich ... und gleichzeitig in ewiger Stille. Wenn wir mit Wachheit auf den körperlichen und seelischen Wellen unserer sexuellen Natur reiten, öffnen sich die so heiß ersehnten Welten von Ekstase, Lust und Freude. Wenn wir diesen Tanz bewusst erleben, dann vollzieht sich ein Verschmelzungsakt – mit oder ohne Partner.

Das vorliegende Buch berührt mich sehr persönlich und direkt. Denn es öffnet sehr humorvoll, spritzig, verständnisvoll und authentisch eine Tür zum Verständnis von Tantra und ebnet den Weg für ein Erfahren jenseits tantrischer oder spiritueller Techniken. Die Grenzen unserer Konzepte über uns selbst lösen sich auf und gewähren uns einen Einblick ins simple Menschsein. Hier beschreibt ein Mann sehr einfühlsam und saftig, mutig und frei heraus sein Erleben als sexuelles Wesen. Wie köstlich!

Body, Soul und Tantra spricht somit das Tabuthema Sexualität mit einer sympathischen Leichtigkeit an, die uns spielerisch neue Einsichten gewährt und uns inspiriert, mit derselben Leichtigkeit auf unser eigenes Leben und sexuelles Erleben zu schauen.

Laya Ulla Aulenbacher
Tantralehrerin und -schülerin

Den ersten Schritt tun

Wir alle sind am richtigen Platz zur richtigen Zeit in unserer sexuellen Entwicklung. Erlaube anderen Menschen, ihre Wege zu gehen. Erlaube dir, deinen Weg zu gehen.

Annie Sprinkle

Wenn man heute fünf verschiedene Experten zum Thema Tantra befragt, kann man unter Umständen fünf völlig unterschiedliche Antworten erhalten. Ein paar gemeinsame Nenner gibt es dennoch:

- Tantra ist eine spirituelle Tradition, die Sexualität feiert, anstatt sie zu unterdrücken.
- Für Tantra interessieren sich vorwiegend Menschen, die sich nach neuen Formen von Beziehungen, einer freien spirituellen Entfaltung und einer erfüllten Sexualität sehnen.
- Tantra ist eine innere Haltung, die den ganzen Menschen anspricht und sein individuelles Potenzial auf natürliche Weise hervorbringt.

Die Absicht von „Body, Soul und Tantra" besteht darin, verschiedene Bereiche unseres Lebens genauer zu beleuchten und vielleicht sogar ganz neu zu entdecken. Vor allem geht es dabei um unsere Liebesbeziehungen – besonders auch die zu uns selbst – sowie unsere Sexualität. Ich möchte dazu anregen, einen individuellen Zugang zur reichen und vielfältigen Welt des Tantra zu finden. Daher habe ich bewusst darauf verzichtet, ein weiteres Nachschlagewerk mit zahlreichen Methoden und Techniken zur sexuellen Ekstase zu verfassen. Vielmehr ist es mir wichtig, eine erste Idee von Tantra, ein Gefühl für die tantrischen Möglichkeiten im Alltag, in der Liebe wie in der sexuellen Begegnung mit unserem Partner zu vermitteln. Dazu biete ich zahlreiche Übungen und Rituale an, die dazu dienen sollen, geeignete Bedingungen wie beispielsweise einen meditativen und achtsamen Rahmen für Ihre tantrische Entdeckungsreise zu kreieren.

Tantra ist für mich kein starres System, sondern eine immer neue Möglichkeit, das eigene Bewusstsein zu verfeinern und auszudehnen, um zu einem ganzen Menschen zu werden, der sein volles Potenzial lebt. Denn nicht zuletzt geht es doch darum, das Spiel des Lebens mit allen Sinnen zu spielen, zu genießen und ganz auszuschöpfen!

Osho, der einflussreichste tantrische Mystiker des 20. Jahrhunderts, erwähnte in seinen Vorträgen immer wieder, dass seine Vision eines ganzen Menschen den Namen „Zorba the Buddha" trage. Der „neue Mensch" solle so still, gelassen und in sich ruhend sein wie ein Buddha – und so lebensfroh und erdverbunden wie Alexis Zorbas, der Held des gleichnamigen Romans. Und den „neuen Menschen" könnte man ebenso gut den „tantrischen Menschen" nennen.

Gott und Sex

Das Göttliche und das Sexuelle schienen bisher in unserer Kultur nicht zusammenzupassen. Spirituelle Suche und religiöse Andacht finden nicht im Schlafzimmer statt; Sex und Religion konnten sich in den vergangenen zweitausend Jahren nie die Hände reichen. Dabei wird die Sehnsucht vieler nach einer lebensnahen Spiritualität, die den ganzen Menschen anspricht und bejaht, die also nicht einzelne Wesensanteile ausgrenzt und verurteilt, mehr und mehr spürbar. Allerhöchste Zeit also für eine tantrische Kultur, in der es keine Trennung mehr gibt zwischen der Lust am Sex und der Freude am religiösen Erleben, in der unsere sexuelle Energie frei fließen kann und unsere Erlebnisfähigkeit nicht mehr durch Schuld oder falsche Moral beeinträchtigt wird. Denn Tantra bedeutet ein bedingungsloses *Ja* zum Leben mit all seinen Aspekten – so wie es hier und jetzt stattfindet. Ein ganzer Mensch kann schließlich nur werden, wer mehr und mehr Bewusstsein in alle Bereiche seines Daseins bringt. Sex ist dabei nicht gerade ein unwesentlicher Bereich – und er kann sogar eine entscheidende Funktion übernehmen. Unsere Sexualität kann ein Tor sein zu einer ganzheitlichen Lebensweise, lebendigem spirituellem Wachstum und zu höchster Ekstase.

Im Tantra geht es nicht um sexuelle Ausschweifungen – das ist ein weit verbreitetes Vorurteil – sondern um Achtsamkeit, Liebe und den freien Ausdruck unserer Lebensenergie. Tantra hat etwas mit Entspannung zu tun, körperlicher wie geistiger: Es gibt kein Ziel zu erreichen, alles, was zählt, ist der gegenwärtige Augenblick. Wir müssen nirgendwo hin, sondern lernen wieder zu staunen wie Kinder, die ständig etwas Neues entdecken.

Tantra ist eine Einladung, mit neuen Möglichkeiten im Leben und besonders in der Sexualität zu experimentieren und Herz und Sex zu verbinden. So führt es uns vom eher genitalen, nach außen gerichteten Sex zu feineren Schwingungen, tieferen Gefühlen und zu einem ganzheitlichen Leben voller Freude, Integrität und Bewusstheit.

Eine gute Voraussetzung, um aus diesem Buch einen Nutzen zu ziehen, ist sicherlich, wenn wir bereit sind, unsere bekannten Pfade von Sex und Beziehungen zumindest versuchsweise zu verlassen. Neugier und eine gesunde Offenheit für neue Möglichkeiten, erleichtern ebenfalls den Einstieg in Body, Soul und Tantra.

Die meisten Kapitel werden durch einen praktischen Übungsteil abgerundet. Diese Spiele, Übungen, Experimente und Rituale können teilweise allein oder zusammen mit einem Partner ausgeführt werden. Da diese praktischen Übungen dazu gedacht sind, sich wohl zu fühlen, zu entspannen und von Stress und Alltag loszulassen, um auf kleine Erkundungsreisen ins eigene Innere zu gehen, habe ich sie in der Du-Form gehalten.

Sie können es mit „Body, Soul und Tantra" halten wie Osho, wenn er sagt: „Sex ist der erste Schritt, nicht der letzte. Aber wenn man versäumt, den ersten Schritt zu tun, versäumt man natürlich auch den letzten."

Ich wünsche Ihnen viel Spaß dabei!

Body, Soul und Tantra

Was ist Mut? In nichts als der Badehose in die Oper zu gehen.
Was ist Übermut? Die Badehose zur Garderobe zu bringen.
Was ist Schlagfertigkeit? Wenn die Garderobenfrau fragt: Wollen Sie den
Knirps nicht auch abgeben? Und was ist Tantra? Wenn man ihn abgibt.

Jürgen Dluzniewski

Die Ursprünge

Das Wort „Tantra" kommt aus dem Sanskrit und bedeutet wörtlich „Gewebe" oder „Zusammenhang", was darauf hinweist, dass hier „Einzelteile" miteinander verwoben bzw. verbunden werden. Nach den Schriften des Veda, der Upanischaden, der Puranas und der Bhagavad-Gita gehört Tantra zu den Grundlagen der „ewigen Religion" des Hinduismus. Sein zentrales Thema ist die göttliche Energie und Schöpfungskraft, genannt Shakti, die personifiziert als Gemahlin des Hindu-Gottes Shiva erscheint. Im Tibetischen Buddhismus werden mit Tantra vor allem die Grundwerke des Vajrayana-Buddhismus bezeichnet.

Aus beiden Ursprüngen geht hervor, dass Tantra eine Wissenschaft ist, welche die sexuelle Energie durch bestimmte Riten und Praktiken zum geistigen Wachstum nutzt und bis hin zur Erleuchtung transformiert. In zahlreichen Tempeln Indiens und Tibets sind heute noch Abbildungen von Paaren in sexueller Vereinigung zu bewundern. Die hohe tantrische Einweihung vom Meister zum Schüler war eine umfassende Schulung darin, die sexuelle Kraft zu wecken und zu transformieren. Tantra gilt daher als die einzige spirituelle Tradition, die Sexualität mit einbezieht in den Weg der Erleuchtung.

Shiva und Shakti

Doch zurück zu Shiva und Shakti. Als eine der obersten Hindu-Gottheiten ist Shiva zugleich Zerstörer und Erneuerer und wird unter anderem als der

Inbegriff reinen und vollkommenen Bewusstseins betrachtet. Auf vielen Abbildungen ist er im Zustand höchster Ekstase und Verzückung zu sehen. Erst in der Vereinigung mit Shakti jedoch kann die männliche Gottheit ihre Kraft voll entfalten: Shakti ermöglicht Shiva eine Manifestierung des Göttlichen im Sicht- und Begreifbaren. Durch ihre sexuelle und spirituelle Vereinigung erschufen Shakti und Shiva das Universum. Das tantrische Spiel ist also als Schöpfungsakt zu verstehen, in dem das Streben nach Einheit immer wieder von vorn beginnt.

Das Universum ist demnach entstanden, weil ein Gott und eine Göttin guten Sex hatten. Von diesem Blickwinkel aus hätten weder Adam und Eva, noch irgendjemand sonst das Paradies jemals verlassen müssen. Die Welt ist aus der Freude entstanden, nicht aus dem Leiden. Die Wurzel und das Geburtsrecht des Menschen sind Lust, Schönheit und Glück.

Der Gott Shiva
und die Göttin
Shakti in sexueller
Vereinigung

Etwa 2000 v. Chr. kamen Strömungen des Tantrismus durch den Kult um den griechischen Gott Dionysos auch erstmals in den Westen. Da die Askese des Buddhismus und die Tradition des klassischen Hinduismus sich nicht in Einklang bringen ließen mit den teilweise orgiastischen Praktiken der Tantriker, wurde die tantrische Weisheit über lange Zeit hinweg als Geheimlehre weitergegeben. Dieser Tatsache ist es vermutlich auch zu verdanken, dass Tantra nie zu einer organisierten und etablierten Religion werden konnte und sich seine Wildheit und Ursprünglichkeit bis zum heutigen Tag erhalten hat.

Eine Annäherung an die bestehenden Religionen geschah erstmals wieder um 500 n. Chr. Unter dem Einfluss verschiedener Yogakulte begann sich in einigen Regionen Indiens, Nepals und Tibets der klassische Buddhismus mit tantrischen Lehren und Praktiken zu vermischen. Tantra erlebte eine neue Blütezeit. Endlich wurden diese Lehren für viele lebenslustige Wahrheitssucher zugänglich. Teile der höheren indischen Gesellschaftsschichten adaptierten die freiere Sicht des Tantra sogar, um ein Leben in Vergnügen und Ausschweifung zu führen.

Der Gesang des Mahamudra

Es begann eine Zeit, in der zahlreiche hohe tantrische Meister lebten – vor allem in Nepal und Tibet. Ihnen gemeinsam war eine Art „verrückter Weisheit" und ein Lebensstil, der so gar nicht mit den Lehren des klassischen Buddhismus und Hinduismus in Einklang stand. Einer der bekanntesten und außergewöhnlichsten tantrischen Meister Indiens war Saraha, der etwa im neunten Jahrhundert lebte. Nach einer langen Wahrheitssuche bei verschiedenen Brahmanen und einer Karriere als Philosoph erlangte er seine Erleuchtung in der Begegnung mit einer Pfeilmacherin auf dem Marktplatz eines indischen Dorfes. Von nun an lebte und liebte er mit ihr auf dem dortigen Friedhof. Sie hielten sich in keiner Weise zurück, ihre Ekstase und Verzückung in Tänzen und Liedern auszudrücken und erzeugten eine ansteckende Energie um sich herum, wodurch viele Menschen in religiöse Ekstase gerieten. Die Legende berichtet sogar, dass sich auch der König und die Königin anstecken ließen und das ganze Königreich eine Zeit der Freude und Liebe erfuhr – obwohl das fast zu schön klingt, um wahr zu sein.

In die gleiche Epoche fällt eine Linie von großen tantrischen Meistern im benachbarten Tibet. Dort wurde die hohe tantrische Lehre von der Vereinigung mit der Existenz in praktischer und lebendiger Form vom Meister zum Schüler übertragen. Der „Gesang des Mahamudra", mit dem der tibetische Tantrameister Tilopa seinen Schüler Naropa in die höchste Wahrheit einweihte, ist ein Klassiker des Tantra. Die Bereitschaft des Schülers, diese Einweihungen zu empfangen, war dabei mindestens ebenso bedeutsam wie die höchste Verwirklichung des Meisters. Mahamudra heißt wörtlich übersetzt „Großes Siegel", womit im übertragenen Sinne die „Vereinigung mit der gesamten Existenz" gemeint ist. Weitere große Meister dieser Linie waren Marpa und Milarepa, die auch heute noch in verschiedenen Strömungen des Tibetischen Buddhismus hoch verehrt werden.

Von Beginn an wurde der Tantrismus von seinen Gegnern als Ketzerreligion verboten und verfolgt; und die strengen Strukturen des Hinduismus sowie der asketische Buddhismus haben schließlich bis zum Ende des 18. Jahrhunderts wieder die Oberhand gewonnen. Dennoch hielten sich der Tantrismus und der Kult um Shiva und Shakti bis ins 20. Jahrhundert.

Zeit für eine tantrische Kultur

Osho, der wohl bekannteste tantrische Mystiker unseres Jahrhunderts, hat in den 70er-Jahren einige hervorragende Vorträge über das Leben der tantrischen Meister gehalten. Ihm ist es auch zu verdanken, dass das tantrische Gedankengut heute im Westen so populär ist.

Die Tatsache, dass es in all den Jahrhunderten nie möglich war, Tantra als eine Religion zu organisieren und zu verkaufen, deutet darauf hin, dass es eine sehr lebendige spirituelle Richtung ist. Für uns liegt sein großer Reichtum darin, dass uns damit eine Möglichkeit zur Verfügung steht, die ewige Trennung zwischen Religion und Sexualität aufzuheben, denn eine lebendige und aktive Sexualität muss ein tiefes, spirituelles Leben nicht ausschließen, ganz im Gegenteil. Osho hat mehrmals erwähnt, dass der Zeitpunkt für eine tantrische Kultur in der westlichen Zivilisation gekommen ist. Drastischer ausgedrückt könnte man es auch so formulieren: Nur eine ganzheitliche Richtung wie Tantra kann die verhängnisvolle Sinnkrise der Welt heilen.

Das Fehlen einer lebendigen Spiritualität, die frei von Moral, Unterdrückung und Schuld ist, hat wesentlich dazu beigetragen, dass wir Menschen uns als getrennt von der Schöpfung empfinden und Lebensangst allgegenwärtig ist. Tantra ist in Wirklichkeit der Weg der Liebe, denn das tantrische Verweben aller Dinge kommt der kosmischen Liebe gleich, die immer und überall unterwegs ist, um alles und jeden mit einzuschließen und alle Einzelteile durch ihre Kraft zu einem großen Ganzen zu vereinen.

Tantra in sein Leben zu holen, bedeutet also, die Liebe einzuladen und sich auf das Abenteuer namens „tantrische Lebenskunst" einzulassen. Mindestens die Hälfte eines normalen Menschenlebens geht es doch um zwischenmenschliche Beziehungen, Sex sowie um die wesentlichen Fragen des Lebens: Wer bin ich? Woher komme ich? Wohin gehe ich? Was ist der Sinn des Lebens? Wie werde ich glücklich? Wie finde ich den richtigen Partner? Wie funktioniert ein erfülltes Liebesleben? Wie verbinde ich Liebe und Freiheit? Wie bekomme ich den besten Orgasmus? Wird es morgen noch so sein wie heute? Was muss ich tun, um geliebt zu werden? Gibt es einen Gott? Was ist Tantra?

Die Erfahrung

Die erste tantrische Erfahrung auf einer körperlichen Ebene machte ich im Alter von 23 Jahren mit meiner damaligen Freundin. Drei Wochen voller Konflikte um das Thema Sexualität waren vorausgegangen. Wenn ich wollte, dann wollte sie nicht und umgekehrt. Darin waren wir schließlich so verstrickt, dass eine unvoreingenommene sexuelle Annäherung kaum mehr möglich schien. Ich weiß nicht mehr genau wie jener Abend begann, aber irgendwie konnte ich aus dem ganzen Wirrwarr meiner Gedanken aussteigen und legte mich zu ihr ins Bett. Wir kuschelten uns aneinander und entspannten uns. Schließlich kamen alle Gedanken zur Ruhe und ein leiser, sanfter Kreis von Energie schloss uns in die Arme.

Wir folgten nur noch unseren Impulsen, während diese verbindende Energie immer dichter und deutlicher spürbar wurde. Kein Gedanke störte diesen zwischen uns kreisenden Energiefluss. Alles schien erlaubt, alles schien göttlich, von einem unsichtbaren Segen durchdrungen. Schließlich vereinigten wir uns. Etwas, das größer war als wir selbst, hatte von uns Besitz ergriffen. Wir liebten uns von Moment zu Moment. Jeder Augenblick, jede Berührung, jede Bewegung war ein Fest. Wir wollten nirgendwohin, hatten das Gefühl, stets und schon immer in dieser Seligkeit zu Hause gewesen zu sein.

Schließlich begann sich die Energie zu verändern und wir bekamen Hunger. Wir beendeten den Reigen unseres Liebesspiels, schlüpften in unsere Kleider und gingen nach nebenan ins vegetarische Restaurant. Unser Energiekreis blieb von diesen Veränderungen unberührt, nur die äußere Form hatte sich verändert. Wir waren eins mit unserer Ekstase, dem natürlichsten aller Zustände. Als wir das Restaurant betraten, schwenkten sämtliche Gäste ihre Köpfe in unsere Richtung. Im Brennpunkt der allgemeinen Aufmerksamkeit fanden wir schließlich den richtigen Platz. Der ekstatische Kreis, der sich leicht, gelöst und natürlich anfühlte, blieb bei uns, als wir die Bestellung aufgaben und setzte sich fort bis zum Dessert, ob wir uns berührten oder nicht.

Gesättigt und wohl genährt gingen wir nach einer Weile schließlich wieder in unser Schlafgemach, streiften die Kleider vom Leib und begannen uns erneut zu vereinigen und zu lieben, als ob nichts geschehen wäre. Irgendwann schliefen wir ein, zutiefst verbunden und eng umschlungen – und außerdem völlig erfüllt und entspannt, aber ohne unsere Energie in einem Orgasmus entladen zu haben. Am nächsten Morgen fühlten wir uns sehr gut, doch der tantrische Segen war vorüber. Wir wussten nicht, wie wir in diesen wunderbaren Zustand gelangt waren und hatten auch kein Rezept, wie wir ihn erneut herstellen konnten. Das Drama des alltäglichen Lebens hatte uns bald wieder in seinen Fängen und alles wurde schwer und bedeutungsvoll – der „Normalzustand" war zurückgekehrt, zu schwer offenbar für tantrische Ekstase und zu bedeutungsvoll um loszulassen. Aber nun wusste ich aus erster Hand, dass es weitere Dimensionen der Liebe und der Ekstase gibt. Der Grundstein für meine tantrische Suche war gelegt.

Die innere Haltung

Heute ist Tantra für mich die aufregendste, schönste und gleichzeitig natürlichste Möglichkeit, mein weltliches, sexuelles und spirituelles Leben zu gestalten und alle drei Bereiche miteinander zu verknüpfen. „Zorba the Buddha" nannte Osho seine Vision eines ganzen Menschen. Der Osten, so meinte er, hätte sich zu sehr auf das Innere fixiert. Die Konsequenz daraus ist ein Leben in Armut. In der modernen westlichen Welt geht die Fixierung stark nach außen, aber das Innenleben der Menschen ist zurückgeblieben. Beide Modelle haben versagt und die Welt in den Zustand gebracht, in dem sie sich jetzt, zur Jahrtausendwende befindet. Jeder Mensch hat eine spirituell-geistige und eine körperlich-weltliche Identität. Ein Mensch, der heil und ganz ist, lebt in bewusstem Kontakt mit der Erde, ist fähig zu vollem, kreativem Selbstausdruck, erfreut sich an erfüllten, freien und liebevollen Beziehungen und steht in einer tiefen Verbindung zur geistigen Welt.

Himmel und Hölle sind jetzt

Tantra sagt, dass Himmel und Hölle schon jetzt stattfinden. Das jüngste Gericht wird dann wohl jener Augenblick sein, wenn wir dereinst mit der einzig relevanten Frage auf unser Leben zurückblicken: Haben wir es voll gelebt?

Dieser Augenblick wird für jeden von uns kommen. Tantra besagt, dass dieser Moment jetzt ist, dass der Tod nicht irgendwann als Fiktion stattfindet, sondern in jedem Augenblick präsent ist. Das Leben wird nicht irgendwann vonstatten gehen, wenn alles perfekt ist, sondern genau jetzt. Tantra sagt *Ja* zum Leben, wie es in diesem Moment ist. Auch im Tantra gilt der alte Spruch östlicher Weisheit: Der Weg ist das Ziel. Alles ist vollkommen, auch die Unvollkommenheit. Alles ist perfekt, auch das Unperfekte. Alles ist schon da, wenn wir uns nur entspannen und vertrauen. Doch wir müssen bei uns selbst beginnen, genau dort, wo wir jetzt stehen – mit allen Unzulänglichkeiten und Abhängigkeiten, mit dem richtigen Partner oder ohne.

Wir alle tragen ein Programm in uns, das uns täglich erzählt, dass das wahre Leben, das wahre Glück an einem anderen Ort, zu einer anderen Zeit stattfindet und dass wir, um in seinen Genuss zu kommen, erst andere

Wussten Sie schon,

- *dass Frauen achtmal mehr Lust empfinden können als Männer?*
- *dass die zusammengerechnete Zeit aller Orgasmen des durchschnittlichen Bundesbürgers in seinem gesamten Leben zwischen 15 und 20 Minuten beträgt?*
- *dass 1949 noch 49 Prozent aller Westdeutschen glaubten, dass ein Mann verheiratet sein muss, um wirklich glücklich zu leben?*
- *dass 1997 nur noch 26 Prozent daran glaubten?*
- *dass 6 Prozent der Bundesbürger ihr schönstes erotisches Erlebnis mit einer flüchtigen Bekanntschaft hatten?*
- *dass für die meisten 25-jährigen Männer die ideale Zeit zum Heiraten so um die 35 ist?*
- *dass für die meisten 35-jährigen Männer die ideale Zeit zum Heiraten so um die 45 ist?*
- *dass mit zunehmenden Alter die Zufriedenheit mit dem aktuellen Partner steigt?*
- *dass jeder fünfte deutsche Mann manchmal oder immer wieder ein Bordell besucht und dort jährlich DM 4 000 für sexuelle Dienste bezahlt?*

Fortsetzung folgt...

Menschen werden müssen. Doch alles, wonach wir uns sehnen, ist nur in diesem Augenblick zu finden. Einen anderen gibt es nicht!

Nur unser innerer Kampf und der Glaube an unsere Begrenztheit trennen uns von diesem Reichtum. Unser Verstand wird nicht müde, uns fortwährend zu erzählen, dass sich das Glück erst einfinden kann, wenn wir an uns arbeiten, wenn wir uns verbessern, wenn wir von hier nach dort gehen, wenn wir ... Es ist ein Trip ohne Ende! Das Glück ist immer in der Zukunft und wir sind ständig damit beschäftigt, irgendwann dort anzukommen. Die Falle, die diese innere Haltung darstellt, schnappt zu, wenn das „um zu" zur Normalität wird: Wir gehen in die Arbeit „um zu", wir machen Liebe „um zu", wir spülen das Geschirr ab „um zu", wir verhalten uns auf eine bestimmte Art und Weise „um zu". Und wir wissen dass es nicht funktioniert, weil es noch nie funktioniert hat. Denn unsere Zielgerichtetheit verhindert, dass wir uns im gegenwärtigen Moment aufhalten.

Tantra bietet uns eine radikale Möglichkeit, aus diesem Programm auszubrechen. Tantra sagt: Es ist alles schon da! Das Glück ist um die Ecke. Entspann dich, vertraue und guck selbst nach!

Checkliste für Lebenskünstler

Für Menschen, die ganzheitlich leben wollen, ist es ratsam, in regelmäßigen Abständen alle Bereiche des täglichen Lebens durchzuchecken. Wir können langfristig kaum ein tantrisches Leben führen, wenn wir nach Ekstase dürsten, aber unsere Basics nicht in Ordnung sind. Mit Basics meine ich: Wohnung, Körper, Kleidung, Fahrzeug, Verwaltung, Finanzen, Beruf, Beziehungen, Familie usw. Es klingt vielleicht etwas trocken und geschäftsmäßig, aber es geht nichts über einen guten Plan.

Sie können beispielsweise damit beginnen, zu den wichtigsten Bereichen Ihres Lebens den Soll- und den Ist-Zustand aufzuschreiben (siehe Checkliste auf Seite 24). Schließlich schauen Sie gewissenhaft nach innen, welche jeweils nötig wären, um diese Diskrepanz auszugleichen. Vielleicht haben Sie die Gewohnheit, fällige Schönheitsreparaturen in Ihrer Wohnung immer und immer wieder aufzuschieben, obwohl Ihnen das gar nicht wirklich entspricht und durch das Aufschieben eine Menge Energie verloren geht. Oder Sie wundern sich, wie es möglich sein kann, dass Sie immer etwas mehr Geld ausgeben als Sie einnehmen, während Sie ständig das Gefühl von Mangel mit sich herumtragen. Wenn es Ihnen so geht, dann haben Sie keine Sorge, Sie sind in bester Gesellschaft.

In den meisten Fällen hilft es trotzdem nur, die Ärmel hochzukrempeln, zu handeln und die Dinge zurechtzurücken. Es ist nichts gegen einen unkonventionellen, verrückten Lebensstil einzuwenden, solange er unserer innerer Wahrheit entspricht und nicht aus altem Trotz entsteht. Viele Männer beispielsweise protestieren immer noch gegen die ordnungswütige Mutter und räumen auch mit 40 ihr Zimmer nicht auf oder lassen die Socken in der Küche herumliegen – doch so etwas sollte nur nach einem spontanen Nachmittagsquickie auf dem Küchentisch erlaubt sein!

Ein wenig aufräumen

Es geht bei dieser Checkliste auch gar nicht darum, Spontanität und Chaos zu vertreiben. Vielmehr soll ein Licht darauf geworfen werden, dass wahre tantrische Lebenskunst erst wirklich in unserem Alltag Fuß fassen kann, wenn wir unser Leben insgesamt auf die Reihe bekommen. Sonst kann es passieren, dass man sich zu einem tantrischen Ritual mit seiner Partnerin/seinem Partner trifft und gleichzeitig im Hinterkopf der Brief vom Finanzamt herumgeistert, den man noch nicht geöffnet hat. Und das kann außerordentlich störend sein.

Deshalb mein Vorschlag: Checken Sie einmal gründlich durch, ob sich alle Lebensbereiche Ihres Alltags rund anfühlen und werden Sie dementsprechend aktiv – das kann wahre Wunder im Energiehaushalt bewirken. Auch die verschiedenen Formen der zwischenmenschlichen Beziehungen müssen dabei natürlich berücksichtigt werden. Vielleicht halten Sie noch einen alten Groll aufrecht, weil ein Freund vor Jahren Ihren wunden Punkt erwischt hat, dann ist vielleicht jetzt der Zeitpunkt gekommen, die Sache aus der Welt zu räumen und die daran gebundene Energie frei zu setzen – um schließlich nützlichere und erquicklichere Dinge damit zu tun.

Seien Sie also bitte kreativ und experimentierfreudig mit der folgenden Checkliste und erweitern Sie sie nach Belieben. Aber nehmen Sie dieses Spiel auch nicht zu ernst – seien Sie gelöst und natürlich!

Checkliste

	Soll	Ist
Beruf	_____	_____
Beziehung zu	_____	_____
Eltern	_____	_____
Fahrzeug(e)	_____	_____
Finanzen	_____	_____
Kinder	_____	_____
Kleidung	_____	_____
Körper	_____	_____
Verwaltung	_____	_____
Wohnung	_____	_____

Der Duft der Stille

*Du hast eine Verabredung mit dem Leben und diese findet im
gegenwärtigen Augenblick statt. Wenn du diesen Augenblick verpasst,
verpasst du deine Verabredung mit dem Leben. Das ist ganz einfach,
ganz klar.*

Thich Nhat Hanh

Der Film „Reifeprüfung" mit Dustin Hoffman aus dem Jahr 1967 endet mit
einer wunderbaren Szene. Benjamin hatte alles liegen und stehen lassen, um
die arrangierte Hochzeit seiner Eileen mit irgendeinem Sunnyboy doch
noch zu verhindern. Er ist nicht mehr bei sich, er ist nicht mehr er selbst, er
folgt nur noch blind, aber bestimmt dieser Absicht. Sogar zu tanken vergisst
er, während er an einer Tankstelle in Santa Barbara nach dem Weg zur
Kirche fragt. Als sein Wagen schließlich auf der Straße liegen bleibt, setzt er
den Rest des Weges zu Fuß fort. Schließlich erreicht er sein Ziel kurz vor
dem Abschluss der Trauung und entführt die von so viel Entschlossenheit
völlig entzückte Eileen gegen den Willen aller anderen Beteiligten vom
Traualtar.

Als die beiden schließlich gerade noch den bereits losfahrenden Bus erreichen und auf der hintersten Bank Platz nehmen, sitzen sie einfach nur
nebeneinander und es passiert gar nichts mehr. Kein Kuss, kein Trara, einfach nichts, nur „the Sound of Silence". In diesem Augenblick des Nichts-
Tuns vollzieht sich für Benjamin die Initiation, in diesem Augenblick der
Stille wird er zum Mann.

Nicht Leere sondern Fülle

Die Stille steht jedem von uns jederzeit zur Verfügung. In ihr und durch sie
vollziehen sich wahre Transformation und Wandlung. In den stillen Momenten geschehen die Wunder des Lebens. In den intensivsten und leben-
digsten Augenblicken unseres Lebens ist etwas von ihrem Duft präsent – in
Momenten von großer Gefahr, von großer Liebe und ebenso in den kleinen,
unscheinbaren Augenblicken zwischendurch. Auch wenn wir das nicht er-
klären können, weil es sich dem begrenzten Horizont unseres Verstandes

entzieht, sieht es so aus, als ob all die Dinge, nach denen wir uns im Leben sehnen und verzehren, aus unserem Inneren, aus dieser Stille kommen. Wenn Liebe nichts als Liebe ist, dann kommt sie aus der Stille. Wenn Freundlichkeit wirklich Freundlichkeit ist, dann kommt sie aus der Stille.

Was ist die Stille? Die Stille, das Nichts und unsere innere Quelle sind identisch, sind aus dem gleichen Stoff gemacht. Alle Mystiker scheiterten seit jeher, sie zu beschreiben, weil sie sich der Sprache entzieht. Osho hat es dennoch immer wieder versucht:

„Unter Stille versteht man gewöhnlich etwas Negatives, eine Leere, eine Abwesenheit von Klang, von Geräuschen. Dieses Missverständnis herrscht deswegen vor, weil sehr wenige Menschen jemals die Stille erfahren haben. Alles, was sie im Namen der Stille erfahren haben ist Geräuschlosigkeit.

Aber Stille ist ein völlig anderes Phänomen. Sie ist absolut positiv. Sie hat Existenz, sie ist nicht leer. Sie fließt über von einer Musik, die du noch nie zuvor gehört hast, von einem Duft der dir unvertraut ist, von einem Licht, das nur den inneren Augen wahrnehmbar ist. Sie ist nicht etwas Eingebildetes. Sie ist eine Realität, die bereits in jedem vorhanden ist – nur dass wir niemals nach innen schauen. Deine innere Welt hat ihren eigenen Geschmack, hat ihren eigenen Duft, hat ihr eigenes Licht. Und sie ist absolut still, ungeheuer still, ewig still. Dort war noch nie ein Geräusch und dort wird niemals ein Geräusch sein. Kein Wort kann hingelangen – aber du kannst hingelangen."

Manche Bücher über Tantra landen erst zum Schluss bei der Stille, in dem Sinne, dass alle tantrischen Übungen in der Stille, in tiefer Meditation und dem Erleben von Einheit enden. Meiner Erfahrung nach *beginnen* sie in der Stille, spielen sich darin ab und landen auch wieder dort. Es kann gar nicht anders sein, denn es muss nicht erst dieses oder jenes geschehen, bevor Stille und die Verbindung zu unserer inneren Quelle möglich werden.

Benjamin handelte mit solch einer unschuldigen, naiven Totalität, dass sich danach zwangsläufig die Tore der Stille öffnen mussten – so wie nach dem Frühling der Sommer kommt. Stille bedeutet in diesem Zusammenhang schließlich unsere wahre innere Natur, unsere Quelle. In der Meditation können wir ein wenig Abstand bekommen von unseren Gedanken, Gefühlen und Empfindungen des Körpers. Durch diesen Abstand löst sich allmählich die Identifikation mit unserem Verstand und wir beginnen aus unserer wahren Natur heraus zu leben. Die Folge davon: wir werden freier und authentischer.

Der Königsweg

Falls Sie bisher in Ihrem Leben noch nicht meditieren, gönnen Sie sich einen Versuch. Meditation ist der Königsweg zu uns selbst – und er hat viele positive „Nebenwirkungen", von verbesserter Konzentrationsfähigkeit über mehr innere Ruhe und Entspanntheit – bis hin zu einem intensiveren, tantrischeren Liebesleben.

Warum das so ist? Im Tantra ist eine meditative Haltung, bei der jeder der Partner sich seiner selbst bewusst ist, eine wichtige Voraussetzung für das Liebesspiel. Wir verlagern unsere Aufmerksamkeit nach innen und lassen für einen gewissen Zeitraum alle Geschäftigkeit zur Ruhe kommen. Durch diese „Hinwendung zur Stille" schaffen wir eine Lücke zwischen Vergangenheit und Zukunft und tauchen ein in den gegenwärtigen Moment. Außerdem hilft uns die Meditation, während des Liebesspiels achtsamer zu sein und im lebendigen, stets neuen Kontakt miteinander zu bleiben.

Stille Meditation

- Nimm dir bewusst Zeit und sorge dafür, dass nichts und niemand dich stört. Deine Kleidung sollte leicht und bequem sein.
- Für die stille Meditation eignet sich am besten ein festes Kissen oder ein kleiner Hocker, auf dem du etwa eine halbe Stunde – und später auch länger – bequem sitzen kannst. Halte dabei deinen Rücken entspannt gerade und lehne dich möglichst nicht an. Dein Kopf sollte so aufgerichtet sein, als ob dich jemand mit einer Schnur am Hinterkopf leicht nach oben zieht. Lass dich auf den Sitzhöckern am Po nieder. Hilfreich ist die Vorstellung, dass von dort Wurzeln bis tief in die der Erde hinunter reichen. Verschränke deine Beine, wie es für dich bequem ist – es muss nicht gleich der Lotossitz sein. Dabei sollten sich die Knie unterhalb des Beckens befinden.
- Wenn du die geeignete Stellung gefunden hast, schließe die Augen und lasse deine Aufmerksamkeit nach innen gleiten. Du durchwanderst nun

mit deinem inneren Auge deinen Körper und betrachtest ihn sozusagen von innen. Nimm einfach deinen ganzen Körper sachte wahr, ohne etwas verändern zu wollen und entspanne dich mit dem, was ist.

🕸 Auf dieselbe Weise beobachtest du nun deinen Atem wie er ein- und ausfließt. Wenn Gedanken kommen, lass sie vorüberziehen und kehre dann mit deiner Aufmerksamkeit zu deiner Atmung zurück.

🕸 Richte dann ganz mühelos deinen Fokus immer mehr auf den Ort in dir, an dem es ganz still ist. Manche nehmen diesen Ort ein kleines Stück hinter den Gedanken, dem Herzen oder den Körperempfindungen wahr. Es handelt sich einfach um einen Ort der Leere, einen Ort des Nichts. Dieser Platz bleibt immer gleich und unberührt, alles andere kommt und geht.

🕸 Natürlich wirst du immer wieder von Gedanken und Empfindungen abgelenkt und fortgezogen; nimm auch dies wahr, ohne es zu beurteilen. Komm einfach immer wieder zurück zur Stille.

🕸 Um die Fixierung auf den Verstand, die Gedanken loszulassen, ist es manchmal sehr hilfreich, den unteren Stirnbereich, dort wo das dritte, „innere" Auge sitzt, zu entspannen.

🕸 Nach etwa einer halben Stunde komme ganz langsam wieder in dein Alltagsbewusstsein zurück. Beschließe die Meditation mit einer kleinen Verbeugung, mit der du deinen Dank an die Existenz ausdrückst.

Ein bisschen verrückt sein schadet nichts

Viele von uns kennen das Gefühl, nicht so richtig da zu sein – nicht richtig im Körper, nicht richtig auf der Erde, nicht richtig in Kontakt mit uns selbst und anderen Menschen. Wir sprechen mit jemandem und führen gleichzeitig unser eigenes inneres Gespräch. Jemand erklärt uns etwas über Buchführung und wir sind gedanklich damit beschäftigt, dass uns sein Hemd nicht gefällt oder ihre Stimme uns stört. Wochen später ist etwas faul in der Bilanz und man wundert sich, wie es dazu kommen konnte.

Unser Verstand ist immer in Bewegung, immer beschäftigt. Sehr häufig kreisen unsere Gedanken darum, wie wir die Dinge *richtig* tun, uns *richtig* verhalten können und letzten Endes darum, ob wir richtig *sind*. Das ist ein eher verkrampfter Zustand, der für nahezu alle von uns Normalität geworden ist. Dabei erlauben wir es unserer Lebensenergie nicht mehr, frei zu fließen. Wir haben gelernt, uns zurückzuhalten. Als Folge davon können wir unsere Kraft auch nicht frei ausdrücken.

Vielleicht sollten wir uns daher jetzt schon zu Herzen nehmen, was der Amerikaner Bill im Alter von 90 so wunderschön beschrieb: „Wenn ich noch einmal zu leben hätte, dann würde ich mehr Fehler machen. Ich würde versuchen, nicht so schrecklich perfekt sein zu wollen. Dann würde ich mehr entspannen und vieles nicht mehr so ernst nehmen. Ich wäre ausgelassener und verrückter. Ich würde mir nicht mehr so viele Sorgen machen um mein Ansehen, würde mehr reisen, mehr Berge besteigen, mehr Flüsse durchschwimmen und mehr Sonnenuntergänge betrachten. Ich hätte mehr wirkliche Schwierigkeiten als nur eingebildete. Dann würde ich früher im Frühjahr und später im Herbst barfuß gehen, dann würde ich an viel mehr Blumen riechen, mehr Kinder umarmen und nicht mehr so viel über andere urteilen. Ich wäre hilfsbereiter und toleranter. Ich würde viel mehr Menschen sagen, dass ich sie liebe, wenn ich noch einmal zu leben hätte …"

Erst laut, dann still werden

Um unseren immerzu ratternden, unruhigen Verstand sich einmal richtig austoben zu lassen und dieses ewige Gefühl, immer alles richtig machen zu müssen, einmal vorübergehend loszulassen, sind aktive Meditationen sehr wirkungsvoll. Denn wenn man den ganzen Tag geschäftig ist und sich verschiedenen Zwängen und Gegebenheiten, Zeit- und Finanzplänen unterordnen muss, kann es schwierig sein, am Abend auch noch eine stille Meditation zu praktizieren, bei der schon wieder Disziplin gefragt ist und eine bestimmte Form eingehalten werden muss.

Bei der aktiven Meditation gehen wir daher zuerst in den Pol totaler Aktivität und lassen uns einmal so laut, wild, unkoordiniert, unlogisch und chaotisch sein, wie wir es uns im Alltag nie oder selten gestatten können. Wir erlauben es uns einfach, ein bisschen verrückt zu sein. Wir atmen tief und drücken unsere viel zu häufig unterdrückten Impulse durch Bewegung und Stimme aus. Im zweiten Teil der Meditation lassen wir dann alle Aktivität ruhen und richten unsere Aufmerksamkeit nach innen. Wir nehmen einfach nur wahr, was geschieht und entspannen uns in die Stille hinein.

Sie werden sehen, dass diese Stille eine andere Qualität hat, als wenn Sie gleich versuchen, zur Ruhe zu kommen. Je nachdem, wie Sie sich gerade fühlen, wie Ihr Tag verlaufen ist, können Sie jeweils entscheiden, ob Ihnen eine stille oder aktive Meditation heute besser tut.

Aktive Meditation – mein eigener Sound

- Sorge dafür, dass du für eine Weile ungestört bist. Lege dir einige Kissen bereit und setz oder leg dich bequem auf eine Decke auf den Boden.

- Probiere einmal verschiedene Töne in unterschiedlicher Lautstärke aus. Lasse zu Beginn einfach Laute aus deinem Mund kommen, die dir gerade auf der Zunge liegen und lasse auch die Bewegungen geschehen, die dein Körper machen möchte. Vielleicht möchtest du wild mit den Armen rudern, auf ein Kissen einschlagen oder dich auf die Erde zwischen einen Kissenberg kuscheln … Gestatte es dir, ein bisschen zum Kind oder zum Narren oder auch zum Wilden zu werden.

- Dann dürfen die Laute komplexer werden. Sage „mischnüdifeiligrömüskumbalgrifü" oder so etwas Ähnliches. Es ist kein vernünftiger Grund nötig, um das zu tun.

- Beginne, nun auch Emotionen in dieses verrückte Spiel zu bringen. Sprich weiter dir unbekannte Worte aus und reichere die improvisierten Laute mit Gefühlen sowie weiterhin mit Körperaktion an. Vielleicht beschwerst du dich in einer unbekannten Sprache über dein Schicksal oder du stimmst ein trauriges Liebeslied an mit einem Kauderwelschschmalztext.

- Lass allen Gefühlen, Lauten und Bewegungen freien Lauf. Beurteile dich nicht und hab einfach Spaß an dem – vielleicht unbekannten, in jedem Fall aber ungewohnten –, was da kommen mag.

- Wenn du keine Impulse aus deinem Innern mehr wahrnimmst, halte innerlich Ausschau, ob noch weitere Gefühle auf diese spielerische Weise ausgedrückt werden wollen.

- Lass es aufhören, wenn wirklich nichts mehr aus dir heraus will und lausche in die Stille, die du nun wahrnehmen kannst.
- Sitze nun wie in der stillen Meditation (Seite 27) und meditiere für eine Zeitspanne, die du vorher festgelegt hast, das können 15 bis 30 Minuten sein.
- Genieße die Stille nach dem Sturm.

Alltagsrituale

Als das Kind Kind war, ging es mit hängenden Armen, wollte, der Bach sei ein Fluss, der Fluss sei ein Strom und diese Pfütze das Meer. Als das Kind Kind war, wusste es nicht, dass es Kind war, alles war ihm beseelt und alle Seelen waren eins. Als das Kind Kind war, hatte es von nichts eine Meinung, hatte keine Gewohnheit, saß oft im Schneidersitz, lief aus dem Stand, hatte einen Wirbel im Haar und machte kein Gesicht beim Fotografieren.

Peter Handke

Gibt es so etwas wie einen tantrischen Alltag? Wir haben schon oft gehört, dass es nicht so wichtig ist, was man tut, sondern auf welche Art man es tut. Wenn wir schon in der Sexualität unsere Fixierung auf das große Ziel des Orgas-muss ein wenig lockern, dann sollte es uns auch gelingen, in den kleinen Tätigkeiten unseres Alltags ein wenig präsenter und achtsamer zu sein. Klarer formuliert: Im Tantra berühren wir uns nicht primär, um einen Orgasmus zu erlangen, sondern wir berühren uns, um uns zu berühren. Wir sind nicht ausschließlich darauf fixiert, dass die Hand unseres Partners so schnell wie möglich in die Hose rutscht, um den Genitalbereich zu stimulieren, sondern wir sind präsent in jedem Augenblick und feiern den Weg dorthin ebenso. Und manchmal besteht unsere Party nur aus einem flüchtigen Augenkontakt.

Es ist empfehlenswert, regelmäßig zu meditieren. Die Mediation hilft uns, einen Seinszustand zu erreichen, bei dem unser Denken, Handeln und Fühlen weniger aus der Vergangenheit, sondern immer mehr aus dem Moment kommt. Wir verlieren uns selbst nicht so schnell aus den Augen, wenn wir täglich ein wenig nach innen schauen. Wenn man dieses Gefühl des roten Fadens einmal erlebt hat, der sich durch den ganzen Tag zieht, wird man der Meditation ohnehin eine Priorität in seinem Leben einräumen.

Zauberwort Achtsamkeit

Und die anderen 23 1/2 Stunden? Für die gibt es ein Zauberwort und das heißt Achtsamkeit. Mit Achtsamkeit ist gemeint, alle Dinge aufmerksam und um ihrer selbst willen zu tun. Einen tantrischen Alltag zu leben, heißt zu lieben was wir tun und zu tun was wir lieben. Wenn wir gehen, berühren wir den Boden. Wenn wir mit dem Auto fahren berühren wir das Lenkrad. … und der Wind der durch das offene Fenster hereinströmt, streichelt uns warm und nahezu zärtlich.

Im tantrischen Alltag lernen wir, unsere Sinne wieder zu öffnen. Das beste Beispiel dafür geben uns kleine Kinder, die sich an jeder Kleinigkeit am Straßenrand erfreuen können. Wenn wir sie beobachten, können wir eine Menge lernen über Tantra im Alltag.

Wir können uns vorstellen, dass wir Dinge zum ersten Mal in unserem Leben wahrnehmen. Dann gibt es nämlich dauernd etwas zu staunen: ein tiefer Atemzug, eine nervöse Bewegung in den Füßen, Gedanken an die Freundin, den Freund, an morgen Abend. Alles kann wahrgenommen werden, alles spielt sich in diesem Moment ab. Unsere Sinnlichkeit kann nicht nur gelebt werden, wenn unser Partner gegenwärtig ist, obwohl es dann freilich am schönsten ist.

Doch auch in allen anderen Augenblicken sehen, riechen, schmecken wir, wir fühlen, tasten und hören Tausende von Dingen. Wenn wir etwas nicht mögen oder ein negatives Urteil darüber haben, das wir uns irgendwann in der Vergangenheit gebildet haben, verschließen wir uns und nehmen gar nichts mehr wahr. Der Engel in Wim Wenders preisgekröntem Film „Der Himmel über Berlin" kam nicht nur in den menschlichen Körper, weil er sich in die Zirkusartistin verliebt hatte, sondern weil er all diese menschlichen und sinnlichen Dinge erleben wollte.

Liebe, Licht und Lachen

Doch nicht nur unsere Wahrnehmung der Außenwelt ist ausschlaggebend, wir können auch selbst eine Menge tun, um mehr Liebe, Licht und Lachen ins Leben zu bringen. Durch unsere eigene Ausstrahlung, ebenso wie durch unser Handeln, die kleinen alltäglichen Gesten können wir unsere Umwelt mitkreieren und Einfluss darauf nehmen, wie sie uns begegnet.

Leonardo da Vincis Mona Lisa zeigt auf dem berühmten Gemälde ihr unvergleichlich leichtes angedeutetes Lächeln. Es scheint, dass dieses zauberhafte Lächeln gleichzeitig innen und außen stattfindet, sie strahlt es richtiggehend aus. Es geht also nicht darum, unsere Gesichtsmuskeln unnötig zu verspannen, wie wir das manchmal tun, sondern dieses Lächeln in uns zu finden und auf unsere Lippen ausstrahlen zu lassen. Es gibt Untersuchungen, dass sich bei einem Lächeln der ganze Körper entspannt und gleichzeitig Glückshormone ausschüttet. Auch unsere Gedanken und die Gedanken derer, die uns wahrnehmen, verändern sich auf diese Weise. Es ist einen Versuch wert!

Natürlich gilt all das auch – und ganz besonders – in der Partnerschaft. Oft übersehen wir hier den Segen von gegenseitiger Anerkennung viel zu schnell. In einer Beziehung sollte man sich mindestens dreimal so oft für etwas anerkennen wie sich gegenseitig zu kritisieren. Dankbarkeit ist eine weitere einfache Haltung, die in unserem Alltag kleine Wunder bewirken kann. Es gibt so viele Dinge für die man täglich Gott, der Existenz oder einem anderen Menschen danken kann.

Der menschliche Verstand ist gewöhnlich sehr auf Dinge fixiert, die man noch nicht besitzt bzw. noch nicht erreicht hat. Es lohnt sich aber, den Dingen und Begebenheiten mehr Aufmerksamkeit zu geben, die ein ganz selbstverständlicher Teil unseres täglichen Lebens geworden sind: die Menschen, die wir lieben, das Land in dem wir leben, ein gesunder Körper, ein guter Freund, die beste Freundin, genügend Nahrung, ein guter Job, die Wohnung, in der wir leben, unsere Erfahrungen, unsere spirituelle Führung …

Ein tantrischer Alltag ist in erster Linie ein bewussterer Alltag.

Das erste Mal

~ Erinnerst du dich noch an dein erstes Mal? Alles fand einmal zum ersten Mal statt. Der erste Zungenkuss, der erste Sex, der erste Sprung vom 10-Meter-Brett. Mit einer tantrischen Haltung begegnest du den Dingen des Lebens immer wieder neu und unvoreingenommen.

~ Suche dir einen Tag deiner Wahl und beschließe, an diesem Tag alles zum ersten Mal zu erleben, als ob du dein Gedächtnis verloren hättest. Über nichts stellt sich dir eine vorgefasste Meinung in den Weg, alles erlebst du offen und staunend wie ein Kind.

~ Beginne schon mit dem Aufwachen am Morgen. Es ist der erste Morgen deines Lebens! Wie fühlt es sich an, aus dem Schlaf zu erwachen und die

Nacht hinter sich zu lassen? Das erste Mal siehst du dich im Badezimmerspiegel, drehst das Wasser auf – kaltes Wasser, warmes Wasser. Du putzt dir die Zähne, stellst dich unter die Dusche und wäschst dir die Haare. Du stellst dir vor, dass dein Körper all dies zum allerersten Mal macht und du bist erstaunt, wie gut alles funktioniert.

❧ Du öffnest das Fenster. Ein erster Regen, der erste Sonnenstrahl und ein allererster Windhauch, der dir übers Gesicht streicht. Du hast dein allererstes Frühstück. Erlebe den Geschmack der Honigsemmel, den Kaffee, den Orangensaft. Im Briefkasten findest du die Tageszeitung und liest zum allerersten Mal, was so los ist in der Welt.

❧ Erlaube dir, wie ein Kind zu staunen, schockiert und berührt zu sein. Besonders interessant wird dieses Experiment, wenn du dir vorstellst, zum ersten Mal zur Arbeit zu gehen, deinen Job zu machen und mit deinen Kollegen umzugehen. Wenn du es durchhältst und dich immer und immer wieder daran erinnerst, wirst du in den ganz kleinen Dingen deines Alltags wahre Höhepunkte erleben können.

❧ Rieche zum ersten Mal an einer Rose, beobachte erstmals einen Schmetterling im Flug, höre das erste Mal jemandem zu. Du wirst dich aller Wahrscheinlichkeit nach sehr wach und lebendig fühlen. Vielleicht fragst du dich, warum sonst immer alles so automatisch passieren muss. Vielleicht fühlst du, dass du dich zum ersten Mal in deinem Leben wirklich präsent fühlst.

❧ Am Abend triffst du dich zum ersten Mal mit deiner/deinem Liebsten. Ganz neu spürst du das Zittern und die Aufregung wie vor dem ersten Rendezvous. Du hörst und spürst dein Herz erstmals voller Vorfreude bis zum Hals hinauf klopfen. Schließlich liegt ihr euch das erste Mal in den Armen. Genieße die Stunden mit deinem Partner als ob es das allererste Mal wäre. Sei einfach total hier und jetzt!

Selbstliebe

Wohl fühlen im eigenen Körper

Wenn eine Frau sich in ihrem Körper wohl fühlt, dann ist sie auch erotisch.

Andrea Suwa

Tantra betrachtet den Körper als unseren Tempel. Denn unser menschlicher Körper ist etwas ganz Besonderes. Tantra sagt, dass wir unseren Körper lieben sollen, dass er ein ganz besonderes Geschenk ist und neben all den bekannten wunderbaren Funktionen von der Atmung bis zur Verdauung noch ein großes Potenzial an Möglichkeiten bereithält. Unser Körper kann unser bester Freund sein, wenn wir lernen, ihn zu lieben und zu achten – und vor allem, wenn wir ihm den Raum und die Chance geben, vollständig lebendig zu werden.

Vermutlich werden wir mit unserem Körper alt werden. Abends legen wir uns mit ihm ins Bett und morgens stehen wir wieder mit ihm auf, Tag für Tag. Er zeigt uns seine Grenzen und weist uns auf seine Art darauf hin was er braucht. Unser Körper kann uns sehr viel Freude schenken – oder uns das Leben zur Hölle machen. Alle unsere Gefühle nehmen wir über den Körper wahr und drücken sie auch durch ihn aus. Er hat seine eigene Sprache, seine eigene Ausstrahlung. Unser Körper ist gnadenlos ehrlich, er kann nicht lügen: Wenn wir mit uns selbst und der Welt im Reinen sind, dann fühlen wir uns gut in unserem Körper. Wenn wir jedoch mit unserem Schicksal hadern, Streit oder Stress haben, dann reagiert zumeist auch unser Körper mit eindeutigen Symptomen, seien es Kopfschmerzen, Magenbeschwerden, Anspannung oder Abgeschlagenheit.

Wenn wir ein ganzheitliches und volles Leben führen möchten, kommen wir an unserem Körper, seinen Bedürfnissen und Botschaften nicht vorbei. Dazu bieten sich uns zahlreiche Möglichkeiten, unsere Körperlichkeit zu erforschen, unsere Wahrnehmungs- und Empfindungsfähigkeit zu erweitern und unseren einmaligen Körper mit Lebendigkeit, Liebe und Wohlbefinden zu erfüllen. Denn ein lebendiger Körper ist die Voraussetzung für eine lebendige, erfüllende Sexualität.

Das ist das schöne an Tantra, es beginnt immer genau da, wo wir in diesem Moment stehen, um die Dinge, wie sie sind, erst einmal kräftig zu umarmen, dann leidenschaftlich durchzuschütteln und schließlich darüber hinauszugehen. Wir leben und lieben durch und mit unserem Körper und das Zauberwort im Tantra lautet *Ja*. Dieses Zauberwort ist die Eintrittskarte, um den physischen Körper mit all seinen Schätzen und Möglichkeiten zuallererst einmal zu akzeptieren, in all seinen Dimensionen zu erfahren und schließlich lieben zu lernen – so wie er ist. Denn nur was wir lieben und akzeptieren, kann sich wandeln und weiterentwickeln.

Lebendig, saftig, erdig

Tantra ist, wie an anderer Stelle bereits erwähnt, nicht etwas Abgehobenes, das mit dem „Normalen", Irdischen nichts mehr zu tun hat. Im Gegenteil: Tantra beginnt auf der Erde, an der Basis, im Körper. Tantra hält es mit dem Lebendigen, Saftigen und Erdigen. Von dort kann es tatsächlich zu einer ekstatischeren Welt der feineren Schwingungen führen, doch unsere Wurzeln sollen und dürfen wir dabei keinesfalls verleugnen. Denn was wären diese feinen Empfindungen ohne einen lebendigen Körper, der sie fühlen, erleben und genießen kann?

Im traditionellen tantrischen Buddhismus steht das wunderschöne Bild des Lotos für diese untrennbare Verbindung zwischen unten und oben, Himmel und Erde, dem Irdischen und dem Göttlichen. Die Lotosblüte wächst aus der Dunkelheit des Schlamms zur Oberfläche und öffnet sich erst über der Wasseroberfläche – von Morast und Wasser unberührt. Dort offenbart sie ihre unvergleichlich schöne, strahlende Blüte.

Auch für uns ist es eine hilfreiche Vorstellung, dass beides notwendig ist: der Schlamm, der Morast, das Irdische und das Feine, Erhabene, das daraus entsteht. Die Natur zeigt es uns und Tantra ist ein natürlicher Weg, diese Entwicklung für uns selbst zu vollziehen.

Das heißt also: Rein in den Körper! Denn ein tantrisches Leben und tantrische Erfahrungen von Ekstase und der wahren Leichtigkeit des Seins sind ohne eine Verbindung zur Erde und zum Körper nicht möglich.

Kontaktaufnahme mit Gaia

Die Verbindung zur Erde beginnt im Gewahrsein unserer Füße, die täglich die Erde berühren. Ein wenig Achtsamkeit kann schon kleine Wunder bewirken. Entwickeln Sie ein Gespür für diese Erde, dafür, dass sie Sie nährt und trägt. Wenn Ihnen das schwer fällt, dann beginnen Sie einfach damit, so zu tun als ob Sie Gaia ehren, achten und lieben würden.

Die richtige Erdung ist nämlich in vieler Hinsicht wichtig für unser Leben – denn es bedeutet im wahrsten Sinne des Wortes mit beiden Beinen auf der Erde zu stehen. Wenn wir verwurzelt sind, dann gibt uns das gleichzeitig Erdenschwere und Leichtigkeit, denn wer von der Erde getragen und gehalten wird, der kann leichten Schrittes vorwärtsgehen, ohne sich unnötig zu verspannen.

Sie erinnern sich an Alexis Zorbas? Dieser Mann sprüht vor Lebendigkeit und Lebensfreude und die ist hochgradig ansteckend. Gleichzeitig verfügt er über diese unglaubliche Leichtigkeit. Geht alles schief, beginnt er zu tanzen. Er hat sich die Erdenschwere einverleibt und ist darüber hinausgegangen – und eine solche Leichtigkeit hat Substanz. Wahre Leichtigkeit, nicht nur als bloße Vorstellung, sondern als erlebtes Körpergefühl, braucht die Erdenschwere. Der Narr im Tarot tanzt voller Vertrauen auf dem schmalen Grat, wohl wissend, dass er seinen Wurzeln trauen kann.

Um zu diesem Urvertrauen zurückzukehren, müssen wir wieder nach draußen gehen, uns nackt ins Gras setzen, die Energie der Erde in unseren Körper einlassen … hören, riechen, atmen, schauen, tasten, fühlen, uns bewegen – von Moment zu Moment … all die wichtigen und bedeutungsvollen Gedankenkonzepte mal zu Hause lassen. Gaia kann uns heilen.

Die Erde gibt unserem Körper ein Fundament. Haben wir dagegen unseren Tempel auf Sand gebaut, kann er schon beim nächsten Sturm in sich zusammenfallen. Alle unsere großartigen Ideen, die intensivsten Gefühle, die geilsten Affären – alles kann jederzeit zusammenbrechen wie ein Kartenhaus, wenn das richtige Fundament fehlt. So macht es auch wenig Sinn, tantrische Techniken und Rituale zu praktizieren, um in sexuelle Ekstase zu gelangen, solange wir nicht voll in unserem Körper leben und unsere Verbindung zur Erde pflegen. Also runter in die Füße und den Boden berühren – mit der ganzen Sohle und dem ganzen Bewusstsein.

Erdungsübung

- Diese Übung kannst du allein oder zu zweit machen. Nimm dir etwa eine halbe Stunde Zeit und sorge dafür, dass du nicht gestört wirst. Du brauchst dafür lockere, bequeme Kleidung und „erdige" Musik mit Trommeln und/oder Didgeridoo.

- Schalte die Musik an und geh einfach im Raum umher. Verfolge jeden Schritt ganz bewusst, ohne etwas beeinflussen zu wollen. Lass deine Schritte mit der Zeit kraftvoller werden, wie ein leichtes Stampfen.

- Bei jedem Aufstampfen atmest du nun leicht aus. Bei jedem Ausatmen lässt du deine Spannungen in den Beinen, den Gelenken und vor allem in den Schultern ein wenig mehr los. Hab deinen Spaß daran und fühl dich einfach wild und unzivilisiert, während du so durchs Zimmer stampfst. Du kannst auch jedesmal beim Ausatmen einen Ton machen, mit dem du zusätzlich Spannung abgibst.

- Suche dir nach etwa 5 bis 10 Minuten einen geeigneten Platz und bleib dort stehen. Wenn dein Körper weiterhin leichte Bewegungen machen möchte, so lass dies einfach geschehen.

- Mit jedem Ausatmen stellst du dir nun vor, wie Wurzeln durch deine Füße in die Erde wachsen, zuerst ganz fein, ja zaghaft und schließlich immer fester, kräftiger und tiefer. Achte darauf, wie weiterhin bei jedem Ausatmen alle Spannungen aus deinem Körper weichen.

- Du stehst ganz locker in den Knien und lässt Schultern, Nacken und Becken immer mehr los. Deine Wurzeln wachsen weiterhin bei jedem Atemzug tief in den Boden hinein. Du kannst es richtig fühlen, wie sie aus deinen Füßen herauswachsen.

- Wenn du dir vorstellen kannst, dass deine Wurzeln bis zum Mittelpunkt der Erde gewachsen sind, dann lass ganz langsam bei jedem Atemzug deine Arme seitlich nach oben kommen. Denn erst wenn die Wurzeln bis zur Erdmitte reichen, kann die Krone deines Baumes bis zum Himmel reichen. Stell dir dieses lebendige Bild vor deinem inneren Auge vor und lass deine Arme weiter nach oben kommen, bis deine Fingerspitzen den Himmel berühren können.

- Fühle dich wie ein Baum und stell dir vor, wie du einen leichten Tanz im Wind beginnst. Deine Wurzeln tief in der Erde, berührt deine Krone den Himmel. Lass die Bewegungen des Baumes von selbst geschehen und genieße dieses Spiel im Wind.

- Wenn der Tanz von selbst sein Ende gefunden hat, spür einfach noch für einen Moment deine starke Verwurzelung in der Erde. Nimm dieses Gefühl mit, wenn du die Übung langsam beendest.
- Zum Abschluss ist es angenehm und hilfreich, wenn du dich für ein paar Minuten auf den Bauch legst und noch einmal die Erde spürst, die deinen Körper trägt.
- Wenn du diese Übung regelmäßig praktizierst, wirst du dich wohler, gelassener und sicherer in deinem Körper fühlen.

Slave to the rythm

Es gibt nur zwei Richtungen, in die unsere Lebensenergie fließen kann – entweder nach außen oder nach innen. Wenn sie sich frei und natürlich bewegt, findet dieser Wechsel in einem gesunden Rhythmus statt. Meistens erlauben wir unserer Lebensenergie aber nicht, frei zu fließen und oft kommt uns auch das Gefühl dafür abhanden. Wir können aber nur frei und glücklich sein, wenn wir in Verbindung mit dieser Energie sind, denn Leben ist Bewegung. Leben ist Rhythmus.

Delphine bewegen sich leicht und mühelos im Wasser, ganz im Fluss mit sich selbst und ihrem Element. Mick Jagger auf der Bühne folgt einem anderen Rhythmus. Dabei ist er ebenso in seinem Element wie der Delphin im Meer. Eine Horde Affen in freier Natur folgt einem chaotischen Rhythmus und John Travolta bringt in einer Szene des Films „Michael" alle Frauen dazu, mit ihm zu tanzen, weil auch er seinem eigenen, in diesem Fall äußerst verführerischen Rhythmus folgt.

Wenn wir einen Blick in unseren Alltag werfen, können wir verschiedene Lebensrhythmen erkennen und unterscheiden. Am Montag gehen wir hinaus in die Welt und machen unser Ding, wobei unser Rhythmus im besten Fall ein wenig dem von Mick Jagger ähnelt, wenn er auf die Bühne kommt: „Hier bin ich und jetzt kann es losgehen!" Genauso gut können wir es natürlich auch langsam angehen lassen – jeder so, wie es gerade seinem inneren

Zustand entspricht. Am Sonntag noch haben wir uns gemächlich dahintreiben lassen. Das Frühstück ging in einen kleinen Spaziergang über, der Spaziergang in die Siesta und die Siesta in ein schönes Liebesspiel am Nachmittag.

Wussten Sie schon,

- *dass mehr Frauen als Männer beim Sex lieber das Licht ausmachen?*
- *dass 60 Prozent aller Frauen glauben, dass eine Liebesbeziehung ohne Sex erfüllend sein kann?*
- *dass immer noch 64 Prozent aller Deutschen der Meinung sind, dass Sex zu den ehelichen Pflichten gehört?*
- *dass nur 28 Prozent der sexuell aktiven Deutschen zugeben, dass sie täglich an Sex denken?*
- *dass 68 Prozent aller sexuell aktiven deutschen Männer nicht an befriedigenden Sex ohne Orgasmus glauben?*
- *dass Männer auch beim positiven Vaterschaftstest einer Prostituierten für den Unterhalt aufkommen müssen?*
- *dass in insgesamt 19 US-Bundesstaaten (inklusive Kalifornien) auch für verheiratete Paare oraler Sex verboten ist?*
- *dass die Pille für den Mann – wenn überhaupt – frühestens in 15 Jahren auf den Markt kommen kann?*
- *dass ein glückliches Sexualleben das Risiko eines frühen natürlichen Todes um 50 Prozent senkt?*
- *dass für deutsche Frauen angeblich neue Schuhe kaufen, eine Gehaltserhöhung und ein geiles Auto zu den Alternativen für ein befriedigendes Sexleben gehören?*
- *dass es die größte Sexsünde eines Mannes ist zu fragen „Wie war ich?", nachdem sie ihm einen geblasen hat?*
- *dass 18 Prozent aller Verheirateten oder in fester Beziehung lebenden Deutschen schon einmal fremdgegangen sind?*

✎ *dass 30 Prozent von 2000 befragten sexuell aktiven deutschen Frauen gern einmal am Tag Sex hätten?*

✎ *dass Sperma den männlichen Penis beim Orgasmus in einer Geschwindigkeit von fast 50 km/h verlässt?*

✎ *dass die Entsorgung von gebrauchten Kondomen in der Regel Männersache ist, genauso wie die Frauen für die regelmäßige Einnahme der Pille zuständig sind?*

Fortsetzung folgt …

Das ganz normale Auf und Ab

Am Morgen folgen wir einen anderen Rhythmus als am Mittag und der Abend bringt wieder ein anderes Tempo und eine andere Zeitqualität zum Vorschein. Mal verfügen wir über viel Energie und könnten locker ein Open-Air-Festival mit 20 000 Besuchern organisieren und im nächsten Moment geht unsere Energie zurück und wir würden nicht mal für freien Eintritt und Backstagekarten dorthin gehen. Heute fühlen wir uns toll und stecken jeden Menschen an mit unserer charismatischen Ausstrahlung – jede Frau ist verzaubert von diesem tollen Typen, jeder Mann möchte ein Date mit dieser faszinierenden Frau haben. Und ein paar Tage später, es muss noch nicht einmal Gründe dafür geben, fühlen wir uns klein, verletzlich und haben das Gefühl, dass niemand uns liebt und wir überhaupt nichts auf die Reihe kriegen. All das ist ganz normal. Deshalb geht es vor allem darum, ein Gespür für diese inneren Bewegungen zu bekommen und sie so weit wie möglich zu akzeptieren. Dagegen anzukämpfen, macht wenig Sinn, sondern bewirkt nur, dass wir mit unserem Leben, unserem Körper und dem Schicksal hadern – und all das sorgt nicht eben für ein entspanntes Grundgefühl im Leben, das uns natürlich, sensibel, freudvoll und letztlich tantrisch leben lässt.

Das Leben will uns ganz!

Winter, Frühling, Sommer, Herbst. Alles ist im Wandel, alles hat seinen Rhythmus. Im Laufe unseres Lebens haben wir uns jedoch eine Menge von „Haltungen" antrainiert, die uns einerseits tatsächlich „halten", andererseits aber auch unsere emotionale Bewegungsfreiheit einschränken und von unseren ureigensten inneren Rhythmen trennen. Oft sind es Schutzhaltungen, die uns vor Verletzungen bewahren sollen, indem wir zum Beispiel andere Menschen nicht an uns heranlassen. Dieser Schutz, der durchaus seine Berechtigung hat, spiegelt sich häufig auch in unserer Körperhaltung wider und kann dazu führen, dass wir (auch) auf der körperlichen Ebene nicht richtig loslassen können. Und wenn uns dann das Leben auffordert, frei zu tanzen, bemerken wir es vielleicht gar nicht. Oder wir tanzen immer nur nach ein und demselben Rhythmus – das Leben will uns aber ganz haben!

Tanz dich frei!

🐦 Jetzt wird es Zeit, in Bewegung zu kommen. Wenn du merkst, dass du dich fremdbestimmt fühlst, dass dir alles zu eng wird oder du gerade nicht so kannst wie du eigentlich willst, dann lass alles liegen und stehen. Wenn du glaubst, keine Zeit zu haben, nur für andere und deren Erwartungen da sein zu müssen und dich selbst nicht mehr richtig fühlst, dann ist jetzt der richtige Zeitpunkt, zu deinem eigenen Rhythmus zurückzukehren.

🐦 Nimm dir zuerst einen Moment Zeit, in dich hineinzuspüren. Was brauchst du jetzt?

🐦 Wähle eine CD aus, die deinen aktuellen Bedürfnissen entspricht. Vielleicht steht dir der Sinn danach, dich mal richtig auszutoben, Aggressionen loszuwerden, den Chef im Geiste zu verprügeln oder was auch immer gerade ansteht ... Dann suche eine Musik aus, die deinen wilden Befreiungstanz unterstützt. Vielleicht legst du eine alte Punk-Scheibe von den Sex Pistols auf und tanzt den „Jetzt-hab-ich-aber-die-Schnauze-gestrichen-voll-Tanz".

🐦 Vielleicht ist dir aber auch nach Trost und Unterstützung zumute, dann solltest du eine Musik wählen, die besänftigend, weich und schwungvoll ist wie beispielsweise ein Gänsehautsong von Neneh Cherry? Natürlich bietet sich auch etwas Erotisches an, vielleicht „I Want Your Sex" von George Michael? Lass deiner Intuition freien Lauf!

- ✎ Wenn die Musik läuft, stimme dich in deinem eigenen Tempo auf die Klänge ein, beginne, dich zu bewegen, mitzuschwingen, dich zu lockern. Lausche auf deinen Körper. Möchte er wild lostoben oder braucht er eine Weile, um auf die Musik zu antworten? Lass die Impulse aus deinem Inneren aufsteigen und die Bewegungen einfach entstehen, auch wenn sie dir vielleicht erst einmal fremd oder seltsam vorkommen.
- ✎ Wenn du innere Blockaden spürst, akzeptiere sie, aber lass dich nicht von ihnen stören. Lass deinen Körper einfach machen, er wird schon die richtigen Bewegungen finden. Niemand sieht dir zu, niemand kontrolliert oder bewertet deinen Tanz.
- ✎ Tanzen, das kann übrigens vieles heißen: Du kannst dich strecken, drehen, aufs Sofa springen und die Katze erschrecken. Du kannst dich auf dem Boden wälzen und räkeln und wieder in die Luft springen oder mit tausendundeinem Schatten kämpfen.
- ✎ Ein Tipp: Tanze nicht vor einem Spiegel, das lenkt dich nur von deinen eigenen Impulsen ab. Außerdem ist es völlig egal, wie deine Bewegungen aussehen – wichtig ist, wie du dich dabei fühlst!
- ✎ Sei dankbar für diesen Körper, feiere seine Lebendigkeit. Vielleicht lässt du dich am Ende erleichtert auf den Teppich fallen, nimmst dich liebevoll in die Arme – und fühlst dich zu Hause in deinem Körper, auf dieser Erde, in diesem Leben.

Der perfekte Körper

Oft haben wir eine fixe Vorstellung davon, wie unser Körper aussehen sollte. Frauen meistens noch viel mehr als Männer. Die Medien halten uns ein Ideal vor Augen und wir denken, je näher wir diesem Ideal kommen, desto mehr seien wir liebenswert. Deshalb wollen wir gut aussehen, ganz klar.

In einer unbeliebten, aber sehr heilsamen und berührenden Übung, die in vielen Tantra-Gruppen praktiziert wird, geht es darum, sich mit seinem Körper zu zeigen. Ein kleine Gruppe bildet sich, in der jeder Teilnehmer nacheinander in die Mitte geht, seine Kleider auszieht und dabei etwas über sich und seinen Körper erzählt: Was wir mögen, was uns gefällt, was uns peinlich ist und was anders sein sollte wie es ist. Daraufhin erhält jeder Teilnehmer ein Feedback von den anderen: Wie sie die Person in der Mitte erleben, was sie gehört haben, was sie ihrer Meinung nach ausstrahlt und was sie berührt hat.

In dieser Situation können die ganze Scheu, Ängstlichkeit und Abwehr gegen unseren eigenen Körper zum Vorschein kommen, Dinge von denen wir normalerweise gern ablenken und die wir gewöhnlich niemanden zeigen. Besonders Frauen gehen immer wieder in die Falle, sich mit einem Idealbild zu vergleichen. Dabei ist das Vergleichen so dumm. Es gibt schließlich immer irgendeine andere Frau, die schlanker ist und besser aussieht. Und sich mit den Top-Models in den Zeitschriften zu vergleichen, heißt gewöhnlich ganz schön in der Klemme zu sitzen. Ein riesiger Markt von Kosmetik, plastischer Chirurgie und Ernährungsberatern stürzt sich in vielen Magazinen mit schlauen Methoden auf die Schwachstellen ihrer Zielgruppe.

Dick oder dünn? Hässlich oder schön?

In einer Tantra-Gruppe, die ich mitgeleitet habe, stand eine kräftige Frau um die 40 in der Mitte ihrer Kleingruppe und beschrieb sich und ihren nackten Körper. Sie mochte ihren Körper nicht sehr und war voller Beschwerden über die Falten im Gesicht, die hängenden Brüste, den dicken Bauch, die unförmigen Beine – in ihren Augen war alles verkehrt. Von den anderen in der Gruppe bekam sie verhaltenes, vorsichtiges Feedback.

Die nächste Teilnehmerin war 25 Jahre jung und hatte ein Gesicht und einen Körper wie Cindy Crawford, wenn wir schon beim Vergleichen sind. Alle Männer in der Gruppe waren verrückt nach ihr. Und die zwei Männer in ihrer Kleingruppe warteten schon ungeduldig auf ihren Auftritt. Was dann geschah, war bemerkenswert. Sie erzählte fast die gleiche Geschichte wie ihre Vorgängerin. Nach außen machte sie sehr wohl den Eindruck, dass sie sich ihrer Schönheit und ihrer sexuellen Anziehungskraft bewusst war und kokettierte natürlich auch damit. Im Mittelpunkt dieser kleinen Runde aber brach sie zusammen. Auch sie war der Meinung, an ihr sei alles verkehrt. Ständig war sie damit beschäftigt, ihrem Idealbild zu entsprechen und doch fehlte immer irgendetwas und machte ihr das Leben zur Hölle. Die Runde war verblüfft. Die Frau, welche vorher in der Runde gestanden hatte, erkannte die Kuriosität dieser Angelegenheit und kam in den Genuss einer kleinen Erleuchtung.

Was für eine Falle! Hässlichkeit und Dicksein sind in unserer zwischenmenschlichen Kommunikation heikle Angelegenheiten. Für viele kräftigere Menschen kann jeder Selbstwert zusammenbrechen, wenn sich jemand ganz unverblümt über ihren dicken Bauch auslässt. Dabei findet dieses Gespräch doch sowieso tagein tagaus in deren Köpfen statt. Ehrliche und offene Kommunikation scheint kaum irgendwo so heikel zu sein wie in diesem Bereich. Natürlich ist es wichtig, respektvoll miteinander umzugehen, aber oft kann es auch sehr erfrischend sein, wenn jemand ausspricht, was alle anderen nur denken – wie es Marius Müller Westernhagen in seinem Lied über Dicke tat: „Ich bin froh, dass ich kein Dicker bin, denn Dicksein ist 'ne Quälerei ..."

Wahre Schönheit hat ganz andere Kriterien als sich viele von uns vorstellen. Mit einem liebenden Herzen gesehen ist jeder Mensch schön und im Tantra ist jede Frau ein Aspekt von Shakti, so wie jeder Mann einen Shiva in sich trägt – das göttliche Liebespaar im traditionellen Tantra.

Warum befassen wir uns in diesem Buch mit dem Thema Schönheit? Weil uns unsere eigenen Urteile über unseren Körper oft dabei im Weg stehen, gelassen und natürlich zu sein. Wir sind so damit beschäftigt, anders, schöner, besser zu werden, dass wir ganz vergessen, den gegenwärtigen Augenblick zu genießen.

Liebevolles Spiegelbild

- ✑ Um deinen eigenen Urteilen über dein Aussehen auf die Spur zu kommen, versuche doch einmal die folgende Übung, in der du dich achtsam und liebevoll mit deinem Spiegelbild befasst.
- ✑ Nimm dir ein wenig Ruhe und Zeit, leg deine Kleider ab und stell dich nackt vor einen großen Spiegel – ohne Zuschauer, nur für dich allein.
- ✑ Betrachte dich eine Weile. Anfangs kann es sein, dass du abschweifst. Alles, worüber du dir sicher bist, dass es andere über dich denken,

wirst du jetzt in deinen eigenen Gedanken finden. Während du dich weiterhin betrachtest, versuche, dich nicht zu sehr mit diesen Gedanken zu identifizieren, sondern lass sie in gebührendem Abstand an dir vorüberziehen.

↷ Gehe nun mehr mit deinem Körper in Kontakt. Versuch einmal, dich nicht nach Maßstäben wie perfekter Schönheit, „Faltenfreiheit" oder „Wer hat die prallsten Muskeln?" zu betrachten, sondern beginne, freundlich mit deinem Körper zu reden. Vielleicht spricht er auch zu dir. Vernachlässigte oder ungeliebte Körperbereiche könnten sich bemerkbar machen. Wende ihnen deine liebevolle Aufmerksamkeit zu und horche in dich hinein, was sie dir zu sagen haben. Auf diese Weise kann Heilung geschehen.

↷ Zwischendurch wirst du wahrscheinlich immer wieder mit allerlei unangenehmen Gedanken über dich selbst konfrontiert werden. Gewöhnlich würden wir uns jetzt wieder mit irgendetwas ablenken – in die Küche gehen oder ins Büro. Bleibe diesmal einfach stehen. Nimm dich und deinen Körper innerlich in den Arm und flüstere dir ein zartes „Ich liebe mich dafür" ins Spiegelbild. Selbst wenn du dir dabei ein wenig blöd vorkommst und nicht richtig fühlen kannst, dass du dich liebst – beschließe einfach, dich auch dafür zu lieben! Der Verstand wird sich möglicherweise aufblähen und dir erzählen, dass er nichts hält von „positiv denken" und Selbstsuggestion. Du aber beschließt einfach ganz leise, dass du dich dafür liebst, so zu denken.

↷ Merke dir am Ende das liebevolle, annehmende Gefühl, zu dem du in der Betrachtung und Kommunikation mit deinem Körper gelangt bist und nimm es mit zurück in deinen Alltag. Solche Gefühle lassen sich „üben" und „trainieren", genauso wie sich Muskeln trainieren lassen. Je häufiger wir uns daran erinnern, uns selbst mit liebenden Augen zu betrachten, desto mehr wird diese innere Haltung natürlich und selbstverständlich werden.

„Ich liebe mich dafür"

All unsere Bemühungen uns weiterzuentwickeln, großartige Erfahrungen zu machen und spirituell zu wachsen, scheitern, wenn wir uns selbst nicht mehr und mehr für alles lieben und anerkennen was wir sind. „Ich liebe mich dafür." Wir müssen nicht perfekt sein, weder im Handeln, noch im Aussehen! Und ein Körper, in dem jemand präsent ist, der geliebt wird wie er ist, strahlt Schönheit aus. Es ist der Körper einer tollen Frau – oder eines tollen Mannes – weil sie oder er sich toll darin fühlt. Wo sollen da noch Vergleiche herkommen?

Es gibt übrigens einen gemeinen Trick, wie man oberflächliche Schönheit von wahrer Schönheit unterscheiden kann. Schauen Sie sich einmal das tolle Weib in der Diskothek an, das so sexy tanzt oder so lässig an der Theke lehnt und stellen Sie sich vor, wie sie in zwanzig Jahren aussehen könnte. Dieses Gedankenspiel erlaubt uns, ein wenig genauer hinzusehen. Es ist verblüffend, wie sich dabei unsere Wahrnehmung von Schönheit verändert. Wie sehen wir wohl in zwanzig Jahren aus?

Tantra jeden Tag

Auch wenn Sie gerade ohne Partner oder Partnerin leben, können Sie Zeiten der Liebe in Ihr Leben bringen. Häufig meinen wir, die Liebe sei nur für die Zweisamkeit reserviert – wenn wir einen festen Partner oder wenigstens eine Affäre haben. Solange wir allein sind, scheint die Liebe grundsätzlich abwesend zu sein.

Doch das muss nicht zwangsläufig so sein. Denn wenn wir uns wirklich in einer offenen, annehmenden Weise auf unser Alleinsein, unsere Gefühle und unsere Sinnlichkeit einlassen, können wir mitunter den Segen spüren, mit uns selbst wirklich in Kontakt zu sein – das ist ein großes Geschenk und außerdem die Voraussetzung für befriedigende Beziehungen. Meditation kann dabei eine große Hilfe sein. Denn wer meditiert, ist nicht mehr einsam, da beim Meditieren ein Gefühl der Verbundenheit mit sich selbst, anderen Menschen und allem Seienden gestärkt wird (siehe dazu auch „Stille Meditation" und „Aktive Meditation" Seiten 27 und 30).

Natürlich ist es langweilig, immer nur mit sich zu sein, aber wir können in uns selbst das Vertrauen nähren, dass die rechten Dinge einfach zur rechten Zeit geschehen werden. Andererseits lassen sich manche Dinge eben nur allein erforschen und erfahren; manche Seiten von uns selbst lernen wir nur kennen, wenn wir allein sind. Unser ekstatisches Potenzial beispielsweise können wir sehr gut erfahren und auch fördern, wenn wir Raum und Zeit für uns selbst haben.

Lernen Sie, sich selbst zu lieben – ganz praktisch. Nehmen Sie sich selbst in den Arm, streicheln Sie sich, spüren Sie und betrachten Sie sich. Selbst wenn Ihr Verstand das albern findet und immer wieder meckert, hören Sie nicht darauf! Ab und zu sollten wir uns einfach einmal die Liebe schenken, die wir im Allgemeinen von anderen begehren.

Eine Möglichkeit, unsere Fantasie sowie unsere erotische Empfindungsfähigkeit anzuregen und einen Geliebten oder eine Geliebte aus der Vergangenheit in unsere innere Gegenwart zu holen, ist diese kleine erotische Erinnerungsreise. Um sich voll auf Ihr inneres Geschehen zu konzentrieren, können Sie den folgenden Text, vielleicht untermalt mit einer anregenden Musik, auf Band aufnehmen.

Ein besonderes Erlebnis

- Gönne dir eine Pause vom Alltag und mach es dir bequem. Schließe die Augen und lass deinen Körper und deine Gedanken langsam zur Ruhe kommen.

- Nun bitte deine innere Führung, dich an ein besonders beglückendes Liebesabenteuer aus deiner Vergangenheit zu erinnern. Versuche, dich so konkret wie nur möglich zu entsinnen und lasse dein ganzes Wesen davon berührt sein. Lass es leicht und mühelos geschehen.

- Begebe dich mit all deinen Sinnen in diese Erinnerung hinein. Wie sah es dort aus, wo es passierte? Wie sah der Mann/die Frau aus, mit der du diese sexuelle Begegnung hattest? Erinnere dich an so viele Details wie möglich.

- Erlaube dir, tief und entspannt zu atmen und deinen Körper ganz wach und offen werden zu lassen. Beziehe nun weitere Sinne in dein Erinnern mit ein. Welche Geräusche hast du damals gehört? Fühle mit deinem

ganzen Körper die Gefühle von damals. Spüre wieder das heiße Gefühl im Bauch, das Prickeln in deinen Genitalien, erinnere dich an jede Körperwahrnehmung, die du damals empfandst.

∾ Wenn du magst und es dich nicht von deiner Erinnerung ablenkt, kannst du auch beginnen, dich leicht zu bewegen und zu berühren. Lass alles von selbst geschehen, was geschehen will. Misch dich nicht ein in deine natürlichen Impulse und kehre immer wieder zurück zu den Sinneseindrücken des vergangenen Liebesspiels.

∾ Wie fühlte sich die Haut deines Partners/deiner Partnerin an? Erinnere dich wie eure Hände eure Körper erforschten. Seid ihr gleich zur Sache gekommen wie wilde Tiere? Oder habt ihr euch genüsslich stundenlang Zeit gelassen? Was war dein persönlicher Beitrag? Welche Worte wurden gesprochen?

∾ Waren es die berühmten Kleinigkeiten, die dich angemacht haben? Ein Geruch am Hals der/des Geliebten? Oder eine süße, weiche, unwiderstehliche Körperstelle, die du entdeckt hast? Erinnere dich mit deinem ganzen Körper, wie du mit allen Sinnen wach und präsent warst, wie du deinen Atem als fließendes Kommen und Gehen erlebt hast … Erinnere dich an den Höhepunkt eurer Begegnung und an das satte, wohlige Gefühl danach.

- ⚬ Lass dich nun ebenfalls langsam zur Ruhe kommen und verabschiede dich von den ekstatischen Erinnerungen. Komm zurück in diesen Moment und lasse dieses wohlige Gefühl entspannt in dir ausrollen wie die Wellen des Ozeans am flachen Strand.
- ⚬ Bedanke dich innerlich für dieses Erlebnis und die empfangenen Empfindungen. Öffne in deiner Zeit die Augen und komm langsam zurück in die Welt.

Verabredung mit mir selbst

Wir können eine regelrechte Kultur des Alleinseins entwickeln und uns regelmäßig eine Verabredung mit uns selbst gönnen. Gestalten Sie sich doch zum Beispiel von Zeit zu Zeit einfach selbst ein Fest und tun einen ganzen Abend lang etwas ganz Besonderes nur für sich. Beginnen können Sie mit einem köstlichen Abendessen. Kochen Sie Ihr Lieblingsgericht und verwöhnen Sie sich selbst wie Sie es sonst für Ihren Geliebten oder Ihre Geliebte tun würden. Die geliebte Person sind für diesen Abend Sie selbst.

Widmen Sie sich nach dem Essen Ihrer Sinnlichkeit. Lassen Sie sich ein Bad ein oder machen Sie es sich auf der Couch oder im Bett gemütlich. Vielleicht schenken Sie sich noch ein Glas Prosecco ein und wenden sich dann Ihrem Körper zu.

Sie können damit beginnen zu atmen, Ihr Inneres durch den Atem zu erkunden. Die Fähigkeit, uns hinzugeben wächst, wenn wir uns dem Atemfluss überlassen. Wir können die sinnliche Landkarte unseres Körpers ganz neu entdecken.

Vielleicht möchten Sie diesen besonderen Raum kreieren, um mit sich selbst Liebe zu machen – Selbstliebe kann so viel mehr sein, als nur eine schnelle sexuelle Entladung. Sie können zum Beispiel Kontakt mit Ihren Genitalien aufnehmen, mit ihnen sprechen, sie erzählen lassen, ihnen Ihre liebevolle Aufmerksamkeit schenken. Vielleicht möchten Sie es angehen lassen wie in der Übung „Das erste Mal" von Seite 34. Entdecken Sie Ihren

Körper zum allerersten Mal, nehmen Sie ihn liebevoll wahr, geben Sie ihm, was er gerade braucht. Es ist ein großes Fest, in Verbindung mit uns selbst, unseren Gefühlen und unserer Sinnlichkeit zu sein.

Als Einstimmung für Ihr Fest mit sich selbst kann auch die folgende sinnliche Fantasiereise dienen. Sie können auch den folgenden oder einen ähnlichen Text auf Kassette aufnehmen und sich mithilfe Ihrer Vorstellungskraft verwöhnen. Für künftige Spiele mit einem Partner werden Sie ein Gefühl dafür bekommen, was Sie entzückt und Ihnen am meisten Freude bereitet. Lassen Sie Ihrer Fantasie freien Lauf ...

Tanz der Sinne

☞ Nimm dir Zeit, mach es dir bequem und schließe deine Augen. Nimm ein paar tiefe Atemzüge und vergiss einfach, was um dich herum geschieht.

☞ Du wirst langsam immer ruhiger, deine Muskeln entspannen sich und dein Atem fließt ganz leicht und gleichmäßig durch deinen Körper.

☞ Stell dir vor, wie ein geliebter Mensch auf dich zugeht, dich bei der Hand nimmt und ganz langsam an einen geheimnisvollen Ort führt. Dort hörst du magische Klänge von überall her, die dich ganz sanft ankommen lassen in deinem Herzen und damit in deinem tiefen Vertrauen ins Leben.

☞ Du beginnst, wunderbare Düfte wahrzunehmen, die um dich herumtanzen und dich liebevoll an der Nase herumführen. Du willst sie tief in dich einsaugen, um ihre ganze Vielfalt und ihren Reichtum in dich aufzunehmen. Ein Geruch hat die Frische von Limetten, ein anderer die Wärme von Jasmin, ein dritter, exotischer Moschusduft weckt deine Lust und deine Sinnlichkeit.

☞ All diese Düfte fließen durch dich hindurch wie ein warmer Strom und du fühlst, wie die Zellen deines Körpers zu tanzen beginnen. Während du dich diesem inneren Tanz hingibst, spürst du, wie dein Körper ganz leicht und sanft berührt wird. Ist es eine Feder oder ein Tuch aus Seide?

☞ Anfangs ganz zart und verhalten wird dein nackter Körper schließlich überall berührt und gestreichelt. Ganz von allein fängst du an, dich zu dehnen und zu strecken. Sämtliche körperlichen Verspannungen lösen

sich in einem satten Wohlgefühl auf. Du bist König, bist Königin, jetzt und hier.

❧ Auf einmal nimmst du einen ganz neuen Duft wahr. Er kommt näher und plötzlich werden deine Lippen mit etwas Süßem, Weichen und Fruchtigen gestreichelt. Langsam öffnet sich dein Mund und du kannst den Saft einer geschälten Weintraube auf deiner Zunge schmecken. Als Nächstes wandert eine pralle Erdbeere über deine Lippen … und du empfindest ein prickelndes, wohliges Gefühl, das sich über deinen ganzen Körper ausbreitet. Dieses sinnliche Menü erregt deine Lust und jagt dir sanfte Schauer über den Rücken. Ganzkörpergänsehaut …

❧ Wenn dir danach ist, beginne dich selbst zu berühren, folge den Impulsen deines Körpers. Genieße deinen ganz persönlichen Tanz der Sinne, solange wie es dir gefällt.

❧ Danke zum Schluss dir selbst für die Aufmerksamkeit und Liebe und für den Genuss, den du dir heute geschenkt hast.

Technik ist nicht alles – aber einiges

Einerseits ist hier häufig die Rede davon, dass Tantra nicht aus Methoden und Techniken besteht, durch deren Erlernen und Beherrschen man sich dann ein Zertifikat als Tantriker abholen dürfte. Das ist auch richtig, denn Tantra ist viel mehr als Technik, es ist ein Lebensgefühl, eine Grundhaltung im Leben, die auf Achtsamkeit und Bewusstheit, auf gelebter Sinnlichkeit, einem voll lebendigen Körper ebenso wie auf einem wachen Geist beruht. Doch natürlich gibt es in der Tat Techniken, die auf diesem sinnlichen Weg der Bewusst- und Ganzwerdung hilfreich sein können. Besonders Atem- und Visualisierungsübungen sind es, die unser häufig zu einem Großteil ungenutztes ekstatisches Potenzial verfeinern und erweitern können – und damit zu einem ganzheitlicheren und erfüllenderen Liebesleben beitragen.

Scheuen Sie sich nicht, mit den folgenden Übungen zu experimentieren und sie jederzeit in Ihr Liebesleben – sei es allein oder mit einem Partner – einzubauen.

Atmung – das A und O

Der ganze Bereich der Atmung spielt im Tantra eine wichtige Rolle. Die meisten von uns atmen in ihrem Alltag eher flach. Wir nehmen wesentlich weniger Sauerstoff auf, als unsere Lungen fassen könnten und atmen häufig nur bis zur Brust oder bestenfalls bis zum Bauch. Doch unsere Lungenflügel reichen bis zum Becken hinunter; auch unsere Flanken und der untere Rücken wollen beatmet und damit belebt werden. Nehmen Sie sich ein paar Momente Zeit, um einmal bewusst auf Ihre Atmung zu achten. Wie tief geht Ihre Atmung? Beobachten Sie einfach ohne etwas zu verändern.

Dann können Sie im Laufe des Tages, wann immer es Ihnen gerade einfällt – wenn Sie auf Ihrem Bürostuhl sitzen, während Sie am Bankschalter in der Schlange stehen oder abends im Bett liegen – damit beginnen, Ihren

Atem langsam auszudehnen. Beatmen Sie Ihre Flanken, Ihren gesamten Rücken, Ihre Brust. Denn in dem Maße wie wir tief und vollständig ein- und ausatmen, sind wir auch empfindungsfähig. Eine tiefe Atmung lässt uns lebendiger und wacher werden und erweitert damit unser Energie- und Gefühlspotenzial. Und damit eröffnet sich auch ein größeres Spielfeld, mit dieser Energie zu experimentieren.

Wenn der Atem festgehalten wird, kontrollieren und halten wir den ganzen Körper, insbesondere auch den Beckenbereich. Um in der Sexualität präsenter zu sein und mehr Genuss zu erleben, ist nicht nur vertieftes, sondern auch freies Atmen notwendig. Ein kraftvoll und frei fließender Atemstrom bewirkt außerdem, dass das sexuelle Vergnügen nicht auf den genitalen Bereich beschränkt bleibt, sondern mit dem ganzen Körper ge- und erlebt wird.

Die freie Strömungsatmung ist eine wunderbare Methode, die sexuelle Energie auszudehnen und damit die allgemeine Empfindungsfähigkeit zu erhöhen. Es ist sinnvoll, sie erst einmal allein zu erproben und mehrmals zu üben, um sie dann später auch beim Sex mit einem Partner einzusetzen.

Freie Strömungsatmung

- Leg dich für diese Atemübung in leichter, bequemer Kleidung in der Rückenlage auf eine weiche Unterlage. Winkle die Beine an und stell die Füße auf den Boden.
- Nun forme deinen Mund zu einem „O" und stell dir vor, wie du durch deine Genitalien einatmest. Dabei darf ein leises Geräusch entstehen, wenn die Luft durch deinen Mund einströmt. Stelle dir außerdem vor, wie dein Atem vom Genitalbereich wie durch ein Bambusrohr durch den Unterleib bis zum Herz-Chakra strömt – das Herz-Chakra befindet sich in der Mitte der Brust.
- Anschließend atmest du durch das innere Bambusrohr vom Herzen zu den Genitalien wieder aus. Auch dabei darf ein leichtes Strömungsgeräusch entstehen, wie wenn du eine Flamme zum Flackern bringst.
- Stell dir während der gesamten Übung vor, wie dein Atem eine Verbindung zwischen der sexuellen und der Gefühlsebene, also zwischen Genitalien und Herz schafft.

- Folge deinen Impulsen. Vielleicht möchtest du tiefer oder sanfter atmen oder dein Körper will sich bewegen.
- Spanne beim Einatmen leicht den so genannten PC-Muskel an, das ist der Muskel, mit dem wir den Urinfluss kontrollieren. (Siehe dazu auch „PC-Muskeltraining" Seite 62).
- Beziehe nun auch dein Becken in die Strömungsatmung mit ein, es darf sich beim Ein- und Ausatmen leicht vor und zurück bewegen. Lass einen Rhythmus entstehen und lenke deine Aufmerksamkeit auf die kleine Lücke zwischen Ein- und Ausatmung. Das bringt dich weg von deinen Gedanken und lässt dich voll und ganz in die Strömungsatmung eintauchen.
- Hör auf deinen Körper und lass geschehen was geschieht. Wenn neue Empfindungen in deinem Körper auftauchen, zum Beispiel ein leichtes Kribbeln oder Vibrieren, lass auch dies geschehen und atme ruhig weiter. Wenn das Kribbeln zu stark wird, atme langsamer und weniger intensiv. Es muss nichts forciert werden.
- Mit jedem Atemzug stellst du ganz mühelos und in dir ruhend eine Verbindung her vom Sex zum Herzen und vom Herz zum Sex. Werde dir zwischendurch auch immer wieder deiner Füße bewusst, die fest auf der Erde stehen und dich dort verwurzeln.
- Lass den Atem einfach von selbst kommen und sauge ihn ganz leicht durch den inneren, hohlen Bambus durch deinen Körper. Achte auf die Stille. Und atme ohne Anstrengung wieder aus. Immer tiefer darfst du in dich selbst und deinen Atemrhythmus hineinsinken. Genieße deine Lebendigkeit und die sexuelle Energie im ganzen Körper. Erlaube deinem Atem, sanft durch alle inneren Blockaden hindurchzuströmen, ohne etwas verändern oder forcieren zu wollen.
- Gib deinem inneren Rhythmus nach, wenn der Atem langsamer werden will. Zum Abschluss schließe den Mund wieder und atme ganz sanft und leicht durch die Nase weiter. Genieße das Ausklingen der Strömungsatmung und die Frische und Lebendigkeit, die du nun in deinem Körper spürst.
- Nimm dir so viel Zeit wie du brauchst, um wieder in deinen Alltag zurückzukehren.

Vom Wurzel- bis zum Scheitel-Chakra

Wie die Atmung so stellen auch die so genannten Chakren eine umfangreiche Wissenschaft dar. Es handelt sich dabei um Energiefelder, die bei den endokrinen Drüsen liegen. Die sieben Chakren sind Punkte, an denen Seelisches und Körperliches ineinander übergehen und sich verbinden. Sie sind im physischen Körper lokalisierbar, bilden aber Teile des menschlichen Energiekörpers. Jedes Chakra steht für einen bestimmten körperlichen, emotionalen oder spirituellen Bereich unseres Lebens. Dabei wird ein Bogen durch alle Ebenen gespannt: das unterste Chakra, das mit Geburt, Tod und Sexualität zu tun hat, verbindet uns mit der Erde, das oberste, welches das Reich der Seele eröffnet, mit dem Himmel. Die Chakren dazwischen stehen für Macht bzw. Kraft, Liebe, Kommunikation und Intuition. Die einzelnen Energiezentren befinden sich untereinander in ständiger Interaktion. Das zentrale Herz-Chakra in der Mitte unserer Brust steht dabei für den Gefühlsbereich und schafft die Verbindung zwischen den unteren Chakren, unseren Wurzeln und Trieben, zu den oberen, feineren Energiezentren, welche uns zu geistigen Ebenen hin öffnen. Es ist wie die Liebe selbst der Ort, an dem alles zusammenfließen kann.

Die Heilung des Herzens kann beginnen, wenn wir bereit sind, wirklich zu berühren und uns berühren zu lassen – auf allen Ebenen des Seins. Und gerade auf der körperlichen.

Sieben Qualitäten

Es ist sinnvoll, ein Gefühl für die verschiedenen Qualitäten der sieben Chakren zu bekommen, denn so lässt sich auf einer energetischen Ebene erspüren, welche Bereiche unseres Lebens mehr Beachtung brauchen, weil hier möglicherweise der Energiefluss gestört ist. Denn schließlich wollen wir erreichen, dass die Lebensenergie ungehindert durch unseren gesamten Körper fließen kann – um lebendig und ganz zu werden.

Für die folgende Übung ist es hilfreich, sich diesen oder einen eigenen Text auf Band zu sprechen – mit ausreichenden Pausen dazwischen. Wenn

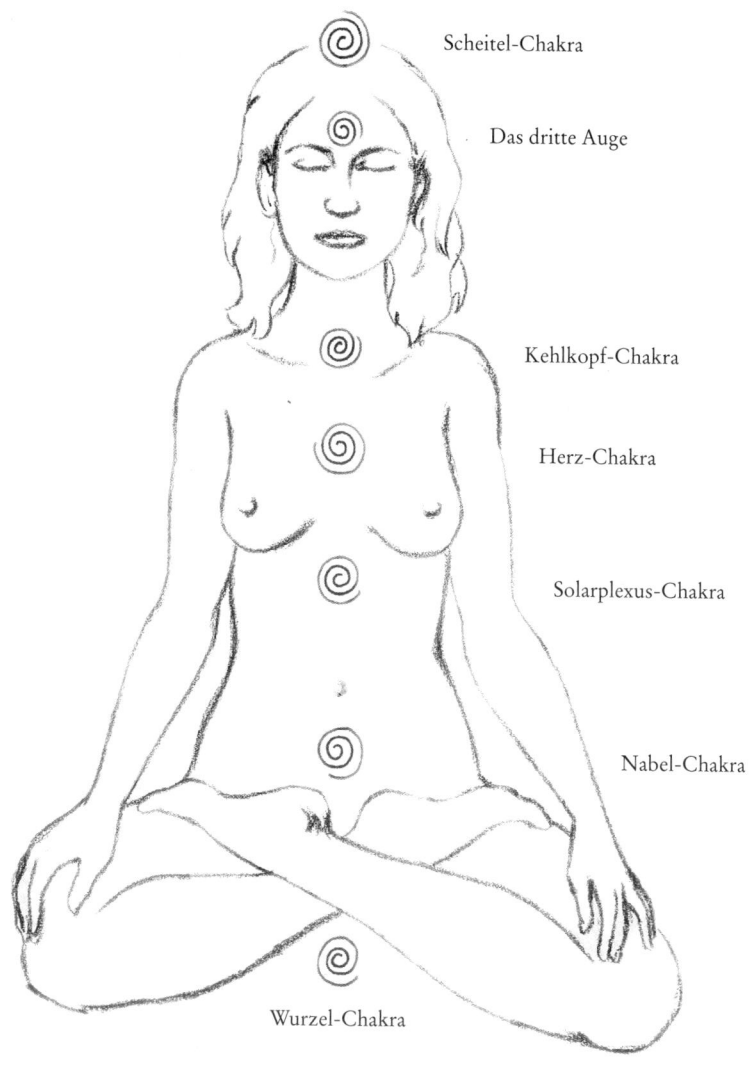

Scheitel-Chakra

Das dritte Auge

Kehlkopf-Chakra

Herz-Chakra

Solarplexus-Chakra

Nabel-Chakra

Wurzel-Chakra

Sie diese Übung von Zeit zu Zeit praktizieren, werden Sie ein Gefühl für Ihre Energiezentren bekommen. Sie werden sich gleichzeitig auf eine körperliche wie seelische Weise besser kennen lernen, sich runder, lebendiger, mehr mit sich selbst und der Welt im Einklang fühlen.

Chakra-Übung

🙟 Nimm dir etwa eine Stunde Zeit und kleide dich leicht, damit du dich gut bewegen kannst. Sorge dafür, dass du genügend Platz hast und für den Zeitraum der Übung nicht gestört wirst. Wähle dir ein paar gute Musikstücke aus und beginne dich zu bewegen wie in der Übung „Tanz dich frei!" Seite 43. Lass nach etwa zehn Minuten bzw. zwei bis drei Songs die Musik ausklingen.

🙟 Stell dich schulterbreit hin und spüre den Boden unter deinen Füßen. Lass deinen Körper sich sanft weiterbewegen, wenn er es möchte. Beginne leicht und in deinem natürlichen Rhythmus durch den Mund aus- und einzuatmen. Leg deine Hände auf das erste Chakra, das sich zwischen Anus und Genitalien befindet. Atme dorthin und fühle gleichzeitig die Erde unter deinen Füßen. Fühle deine Wildheit und deine Lebendigkeit, die pulsierende sexuelle Energie und erlaube dir, deine Gefühle in Bewegungen auszudrücken.

🙟 Lege nun deine Hände auf das zweite Chakra, das sich einen Fingerbreit unter dem Bauchnabel befindet und atme dorthin. Achte darauf, ob sich die Bewegungen deines Körpers verändern wollen und folge deinen Impulsen. Vielleicht wollen sich Laute und Töne aus deiner Kehle lösen. Während du in das zweite Chakra atmest, fühle die Kraft und Energie, die von dieser Stelle ausgeht. Vielleicht wirst du wütend und zornig oder du sprudelst geradezu über vor Freude und Lebendigkeit. Erlebe deine Emotionen als ein Energiephänomen und erlaube dir, die Dinge einfach geschehen zu lassen.

🙟 Wenn du die Gefühle des zweiten Chakras erlebt und ausgedrückt hast, lass deine Hände und deinen Atem wieder ein Stück nach oben zum Solarplexus wandern; er liegt etwa eine Handbreit über dem Bauchnabel. Es ist der Sitz von Macht und persönlicher Stärke. Wenn du mit diesem Chakra in Verbindung bist, fühlst du dich selbstbewusst und kannst zur rechten Zeit ja oder nein sagen. Du vertraust deiner Kraft und weißt mit deiner Macht umzugehen. Spüre und genieße diese Energien. Wenn es dir schwer fällt, diese Gefühle zu empfinden, lass dich von deiner Vorstellungskraft unterstützen: Tu so als ob!

☙ Nachdem du dieses Chakra gefühlt und ausgekostet hast, wandere mit deinen Händen wieder ein Stück nach oben zum Herz-Chakra. Es befindet sich etwa in der Mitte zwischen deinen Brustwarzen. Atme in deinem Rhythmus mit offenen Mund dorthin, lass deinen Körper sich bewegen und erlaube dir, alle Gefühle zu fühlen, die von dieser Stelle ausgehen. Das kann eine Empfindung von Traurigkeit sein, von Ängstlichkeit und Alleinsein, aber auch von Mitgefühl mit dir und deinen Mitmenschen. Erlaube dir, deine Liebe zu fühlen, die du für andere empfindest, ebenso wie die Liebe, die du von ihnen empfängst.

☙ Das nächste Chakra befindet sich am Kehlkopf und steht für die Fähigkeit zur Sprache und zur freien Kommunikation. Während du diese Stelle in deinem Rhythmus beatmest, mit den Händen berührst und ihr deine Aufmerksamkeit schenkst, kannst du vielleicht Blockaden spüren, die dich daran hindern, deine Bedürfnisse frei auszudrücken. Atme weiter und stell dir vor, du weißt was du brauchst und fühlst dich so frei und sicher, es auch mitzuteilen. Wenn du magst, kannst du Töne, Laute oder einfach Gebrabbel aus deinem Mund kommen lassen – keine Angst, es ist niemand im Raum, der dich doof finden könnte!

☙ Das sechste Chakra schließlich befindet sich auf der Stirn, zwischen den Augenbrauen. Lege deine Fingerspitzen dorthin und atme in deinem Rhythmus weiter. Stell dir vor, wie ein Licht in diese Stelle eintritt und du Dinge verstehst, ohne den Verstand benützen zu müssen. Die Energie dort fühlt sich rein und frisch an und du bist verbunden mit deiner Intuition und deinem weisen höheren Selbst. Sei dir bewusst, dass du alles zur rechten Zeit erfahren, erkennen und verstehen wirst. Du kannst nichts versäumen oder verpassen.

☙ Das siebte Chakra befindet sich an deinem Scheitel und strahlt von dort nach oben aus. Du betrittst dort die Verbindungsbrücke zwischen Materie und Geist – du erfährst dich als spirituelles und menschliches Wesen zugleich. Stell dir vor, dass du grenzenlos bist und dich nach allen Seiten hin ausdehnst. Du kannst dabei die Arme zu Hilfe nehmen und vom Scheitel-Chakra aus große Kreise um deinen Körper ziehen. Spüre, dass du größer und weiter bist als deine Körpergrenzen. Ein Gefühl von Frieden und Stille erfüllt dich.

⤳ Nach dieser Erfahrung geht deine Reise durch die Energiezentren zu Ende. Wandere nun langsam und bewusst mit Atem und Händen wieder von oben nach unten die einzelnen Chakren entlang – das darf ein bisschen schneller gehen als die Aufwärtsbewegung. Es ist sehr wichtig, deine Energie am Schluss wieder auf die Erde zu bringen. Wenn du beim ersten Chakra angekommen bist, vergewissere dich ob du einen guten Stand hast und stell dir vor, wie kräftige Wurzeln von deinen Füßen in die Erde wachsen. Lass deinen Atem ruhig werden und deine Bewegungen langsam ausklingen.

⤳ Erlaube dir, noch einmal nachzuspüren wie sich dein Körper jetzt anfühlt. Zur Integration des Erlebten ist es gut, sich noch etwa 15 Minuten hinzulegen oder zu setzen und anschließend einen Spaziergang an der frischen Luft zu machen.

Die sexuelle Empfindungsfähigkeit steigern

Den so genannten PC-Muskel kennen wir alle aus Situationen, in denen wir den Harndrang unterdrücken müssen. Indem wir diesen Muskel trainieren, können wir – Mann wie Frau – unsere sexuelle Empfindungsfähigkeit steigern. Beim Mann fördert dieser Muskel sowohl das Lustempfinden, das sich weit über die Genitalien hinaus ausbreiten kann, als auch das Halten der Erektion, da die Blutzufuhr zum Penis verstärkt wird. Für die Frau bedeutet die Aktivierung dieses Muskels ebenfalls eine Steigerung der Lust, außerdem kann sie den PC-Muskel mit etwas Übung virtuos beim Liebesspiel einsetzen.

Darüber hinaus ist ein trainierter PC-Muskel eine Voraussetzung, um die innere Flöte zu öffnen, wie in der nächsten Übung beschrieben.

PC-Muskeltraining

🐚 Ein gutes Gespür für den PC-Muskel erhältst du, wenn du beim Urinieren den Harnstrahl durch Kontraktion unterbrichst. Wenn du dann herausgefunden hast, wo er lokalisiert ist, kannst du ihn jederzeit bewusst zusammenziehen und dann wieder loslassen. Beim Loslassen kannst du auch leicht pressen, wie wenn du versuchst, den Harn aus dir herauszupressen.

🐚 Unterstütze diese Kontraktionen, indem du deinen Atem jedesmal beim Zusammenziehen kurz anhältst, während du beim Loslassen ausatmest.

🐚 Wenn du erst mal weißt, wie's geht und einige Male in Ruhe zu Hause geübt hast, kannst du diese Übung jederzeit an nahezu jedem Ort ausführen – wenn du im Stau stehst, an der Kasse im Supermarkt, wo auch immer …

🐚 Beginne mit 10 bis 20 Kontraktionen pro Tag und steigere das Pensum im Laufe von ein bis zwei Wochen auf etwa 30. Du wirst bald merken, dass dein Liebesspiel dadurch intensiviert und bereichert wird.

Ein ganz besonderes Instrument

Vielleicht haben Sie das auch schon erlebt: Sie schlafen mit Ihrem Partner oder Ihrer Partnerin und es ist eigentlich ein sehr schönes Erlebnis. Trotzdem bleibt ein Gefühl, dass die Empfindungen und Gefühle noch tiefer, noch intensiver, noch umfassender hätten sein können. Doch Sie wissen nicht recht, was Sie dazu tun können, was Sie verändern sollen. Eine Möglichkeit, Ihr Liebesleben zu intensivieren und sexuelle Empfindungen mit jeder Faser Ihres Körpers, ebenso wie auf einer tiefen seelischen Ebene zu erleben, ist die innere Flöte.

Doch nicht nur eine erhöhte Intensität lässt sich durch das Praktizieren dieser Übung erreichen, es ist möglich, dass Ihr sexuelles Erleben in völlig neue Dimensionen vordringt. Häufig tun und machen wir im Sex sehr viel – um möglichst schnell ein hohes Erregungsniveau zu erreichen. Die Sache lässt sich jedoch auch anders angehen. Tantra ist mehr auf das innere Erleben ausgerichtet als auf äußere Aktion. So kann die innere Flöte auch dazu dienen, den Fokus von draußen nach drinnen zu verlagern. Es ist relativ wenig Bewegung vonnöten, um die innere Flöte zu aktivieren – nur so viel, um die Erregung auf einem bestimmten Niveau zu halten. Der Rest geschieht durch Atmung und Visualisierung. Es lohnt sich, die innere Flöte auszuprobieren, die Folge können intensive, vertiefte Erlebnisse von Lust und Ekstase sein.

Die innere Flöte können Sie sich als einen Energiekanal vorstellen, der vom untersten Chakra (zwischen Anus und Genitalien) zum obersten Chakra (am Scheitel) reicht. Sie zu entdecken, wozu die folgende Übung dient, kann den Beginn einer Reise in ein unbekanntes Land sexueller Lust bedeuten. Denn die innere Flöte ist ein Schlüssel dafür, den Sex immer weniger rein genital zu erleben, sondern die Energie durch den ganzen Körper strömen zu lassen. Dabei kann ungeahnte Intensität entstehen, die zu völlig neuen Empfindungen und ekstatischen Zuständen führt.

Die innere Flöte ist eine Art magisches Instrument, das eine Verbindung zwischen allen Ebenen unseres Seins herstellt. Sie können es stimmen und darauf üben, bis Sie es immer virtuoser beim Liebesspiel zum Klingen bringen können. Wie Sie oben im Kapitel über die Chakren gelesen haben, steht jedes unserer Energiezentren für einen Bereich unseres Lebens. Indem wir diese Bereiche durch den Strom unserer sexuellen Energie miteinander verbinden und ein harmonisches Zusammenspiel herstellen, erreichen wir völlig neue Dimensionen der Lust, Lebendigkeit und des Ganzseins.

Die innere Flöte öffnen

- Zur Vorbereitung solltest du erst ein paarmal die Übung „Die sieben Chakren" (siehe Seite 59) machen, um ein Gespür für deine Energiezentren zu bekommen. Bevor du dich zum Öffnen der inneren Flöte hinlegst, ist es außerdem hilfreich, dich erst ein wenig in Schwung zu bringen, zum Beispiel durch einen wilden Tanz oder eine aktive Meditation (siehe Seite 30). Denn da hier mit unserer sexuellen Energie gearbeitet wird, ist es gut, erst einmal alle Lebensgeister zu wecken.

- Leg dich nun auf eine weiche Unterlage und aktiviere deinen PC-Muskel. Atme gleichzeitig mit dem Zusammenziehen des Muskels ein, beim Entspannen aus.

- Stelle dir dann vor, wie du beim Anspannen des PC-Muskels deinen Atem ganz langsam an den Chakren entlang nach oben bis zum Scheitel führst. Dabei kannst du diesen Weg mit der rechten Hand außen an deinem Körper entlang begleiten, während die linke Hand auf den Genitalien ruht.

- Es bietet sich an, diese Übung in Verbindung mit der Strömungsatmung zu praktizieren. Wenn der Atem den Scheitel erreicht, halte ihn kurz an, während du den PC-Muskel ebenfalls angespannt lässt. Beim Ausatmen begleitet die rechte Hand den Atem- und Energiestrom wieder nach unten, wo durch das Perineum, das sich zwischen Anus und Genitalien befindet, ausgeatmet wird.

- Es erfordert ein wenig Übung, all diese Dinge gleichzeitig zu tun – bewusst atmen, die Chakren visualisieren, die Beckenbewegung, das An- und Entspannen des PC-Muskels – doch wenn du regelmäßig übst, wirst du mehr und mehr dazu in der Lage sein, deine sexuelle Energie durch den ganzen Körper strömen zu lassen, auch beim Liebesakt mit einem Partner.

Liebe und Sinnlichkeit zu zweit

Nichts mehr wie zuvor

In der tantrischen Begegnung ist alles möglich – und alles erlaubt. Das Entscheidende ist nur ein wenig mehr Bewusstheit. Denn Wandlung und damit Weiterentwicklung wird nur dann möglich, wenn wir unsere Verhaltensweisen, Erwartungen und auch Ängste in Bezug auf Sexualität urteilsfrei wahrnehmen. Oft geschehen kleine Wunder und man kommt einen wichtigen Schritt weiter, einfach indem man etwas ausspricht, das schon lange in der Luft lag.

So war es zum Beispiel bei dem Teilnehmer einer Selbsterfahrungsgruppe, der sich nicht von seiner Freundin lösen konnte, obwohl die Trennung eigentlich schon lange angemessen und beschlossene Sache war. Immer wieder traf er sich mit ihr und sie landeten im Bett. Sie konnten scheinbar nichts dagegen tun, der Sog und die Gewohnheit waren einfach zu stark – und das Alleinsein zu grausam. Eines Abends, sie wollten sich lediglich auf ein Glas Wein treffen, gingen sie wieder in die gleiche Falle und ins selbe Bett. Sie vollzogen das übliche Ritual, die gewohnten Bewegungen. Er war auf ihr, doch plötzlich stoppte er seinen Rhythmus, sah sie an und gestand ihr, dass er sie nur für seine Bedürfnisbefriedigung benutzte – und das schon seit Monaten.

Im selben Moment fiel das ganze Kartenhaus der bereits gestorbenen Beziehung und auch seine Erektion in sich zusammen. Für einen Moment lang war es peinlich, verletzend und beide waren schockiert. Aber nun war die Wahrheit auf der Matratze und nichts war mehr so wie zuvor. Sie standen auf, zogen ihre Klamotten an und gingen auseinander. Der Spuk war vorüber.

Wussten Sie schon,

- *dass 65 Prozent aller amerikanischen Männer behaupten, sie würden ihren Penis unter 1 000 anderen wiedererkennen?*
- *dass für Kardinal Meisner die nackte Sexualität zur modernen Gottheit geworden ist?*
- *dass es etwa DM 300 kostet, sich von einem Münchner Fachmann mit einer Schablone ein Herz ins weibliche Schamhaar schneiden zu lassen?*
- *dass der deutsche Duden, Band 8, insgesamt 23 alternative Bezeichnungen für das weibliche Geschlechtsteil anbietet – und zwar: Vagina, Scheide, Ding, Feige, Pussi, Dose, Büchse, Loch, Pflaume, Fotze, Votze, Punze, Muffe, Schnecke, Fut, Vulva, Scham, Mäuschen, Miss Brown, Muschi, behaarte Schildkröte, Möse und Punzel?*
- *dass es auch in der deutschen Sprache höchste Zeit für eine tantrische Kultur wird? Im Tantra nennt man den Penis „Lingam" und die Vagina „Yoni".*
- *dass die amerikanische Sexindustrie jährlich 2 Milliarden Dollar Umsatz erwirtschaftet?*
- *und dass 3 Prozent der Käufer Frauen sind?*
- *dass der Pornofilm „Der Duft der Liebe" und einige Filme von Andrew Blake auch für Frauen sehenswert sind?*

Den Dialog wagen

Oft einigen wir uns in unseren Beziehungen stillschweigend auf bestimmte sexuelle Rituale, die sich einspielen und uns ein Gefühl der Vertrautheit und Sicherheit geben. Daran ist nichts verkehrt. Manchmal übersehen wir dabei jedoch, was uns und unseren Partner in der Tiefe bewegt. Doch darin liegt eine große Chance für echte Nähe und Intimität. Wir müssen einfach den Dialog wagen! Zur Bewusstheit in unseren Beziehungen und ganz besonders in der Sexualität muss auch eine neue Art von Gespräch, von

Ehrlichkeit und Verständigung stattfinden. Wir können beispielsweise damit beginnen, über unsere Wünsche und Ängste, unsere Vorlieben und Abneigungen zu sprechen.

Es ist kurios: Viele Menschen wandern von einem Sexualpartner zum anderen, in der Hoffnung jemanden zu finden, der es genau richtig macht und mit dem es sich einfach nur gut anfühlt – wie damals, mit der großen Liebe unseres Lebens. Wie selten kommen wir doch auf die nahe liegende Idee, unserem Partner einfach detailliert mitzuteilen, was wir wollen, was wir brauchen und welche Grenzen, Ängste und Wünsche wir haben. Wir brauchen uns nicht davor zu scheuen, es während des Liebesspiels zu tun. Möglicherweise setzen wir damit unsere lieb gewordene sexuelle Identität aufs Spiel, vielleicht indem wir zum erstenmal aussprechen, dass wir eigentlich ein tiefes Bedürfnis, eine Sehnsucht nach ganz bestimmten Berührungen, Worten oder Gesten haben. Oder indem wir zugeben, dass wir gar nicht so souverän sind, wie wir es bisher vorgegeben haben. Doch genau daraus – aus offenen, ehrlichen Worten, die unser Inneres offenbaren – entsteht etwas sehr Kostbares, nämlich echte Berührung, Vertrauen und Intimität, Voraussetzungen für die tantrische Begegnung.

Vertrauensübung

- Vertrauen ist die Voraussetzung für ein tieferes Zusammensein im Sex. Entspannt lieben kann man nur, wenn keine Gedanken zurückgehalten werden müssen. In dieser Übung geht es darum, euch gegenseitig eure sexuellen Ängste und Fantasien mitzuteilen. Nehmt euch ausreichend Zeit dafür.

- Bereitet einen feierlichen Platz für dieses kleine Ritual vor. Stellt Blumen auf und zündet Kerzen an.

- Wenn ihr euch zur vereinbarten Zeit trefft, beginnt erst einmal mit einer herzlichen Umarmung und sprecht kurz darüber, wie es euch gerade geht. Daran anschließen könnt ihr eine kurze stille Meditation von etwa 5 bis 10 Minuten. Nun seid ihr bereit für die Übung.

- Wichtig ist eine offene Haltung, aus der heraus du deinem Partner zuhörst und komplett passiv bist, während er spricht. Setzt euch einander bequem gegenüber, ohne euch zu berühren.

- Die erste Frage, die ihr einander stellt, lautet: „Wovor hast du Angst beim Sex?" Wenn du die Frage gestellt hast, lässt du deinem Partner etwa 5 Minuten Zeit zu erzählen. Fangt langsam an, mit einer kleinen Angst oder Unsicherheit.
- Dann wird getauscht, der andere Partner ist an der Reihe. Möglicherweise hast du Angst, dass dein Partner dich nicht liebt, wenn du dir beim Sex keine Mühe gibst oder du hast Angst, dass du ihm/ihr nicht mehr gefällst, wenn du dich wirklich zeigst.
- Seid ehrlich und aufrichtig zueinander. Ihr könnt mehrmals wechseln, bis alles gesagt ist, was ihr heute zu sagen habt. Zum Abschluss der ersten Runde findet eine Form, euch gegenseitig für eure Offenheit zu bedanken und anzuerkennen, zum Beispiel indem ihr euch liebevoll in den Arm nehmt.
- Nach einer kleinen Pause fahrt fort mit der zweiten Frage. „Welche sexuellen Fantasien hast du?" Gebt euch wieder jeweils abwechselnd etwa 5 Minuten Zeit. Wenn es deinem Partner schwer fällt zu antworten,

dann kannst du nachfragen, welche Fantasien er/sie früher hatte, zum Beispiel als Teenager. Wichtig ist es einfach, sich ehrlich mitzuteilen und gehört zu werden, ohne einander ins Wort zu fallen, das ist schon ein großes Vertrauensgeschenk.

- Die letzte Frage, die ihr einander stellt, lautet: „Was war für dich die schönste sexuelle Erfahrung deines Lebens?" Am Anfang ist es empfehlenswert, über ein Erlebnis aus eurer Beziehung zu berichten. Wenn ihr dieses Vertrauensgespräch öfter führt, könnt ihr dann mit der Zeit auch versuchen, eine Gipfelerfahrung aus einer früheren Partnerschaft zu beschreiben. Es kann sehr hilfreich sein, auszusprechen wann genau es beim Sex besonders schön war, denn in der Regel können wir uns nur irgendwie zusammenreimen, was unseren Partner/unsere Partnerin wirklich erfreut und befriedigt.

- Zum Abschluss findet wieder eine Form des Danks und der Anerkennung, umarmt einander und bleibt noch eine Weile in Stille zusammen.

- Es ist gut, schon vor der Übung gegenseitige Ehrlichkeit und Achtsamkeit zu vereinbaren, denn manche Dinge können eine Menge Emotionen aufrühren. Vielleicht erzählt er die Fantasie, dass er gern zwei Frauen beim Sex zusehen würde und sie erschrickt erst einmal oder wird eifersüchtig. Dabei ist es hilfreich, ein paar Stunden vergehen zu lassen, bevor ihr über eure gegenseitigen Reaktionen sprecht, vor allem, wenn es um heftigere Gefühle geht. Dann solltet ihr einander noch einmal in Ruhe zuhören. Wenn ihr diese Kommunikationsübung in dieser oder einer ähnlichen Form einige Male ausprobiert, werdet ihr feststellen, dass immer weniger unausgesprochene Ängste und Wünsche euer Zusammensein beeinträchtigen. Euer Vertrauen wird wachsen und ihr könnt einander im Sex auf liebevolle Weise begegnen.

Sinnliche Wasserspiele

Wasser ist ein ganz besonderes Element. Unser Körper besteht zum größten Teil daraus. Nirgendwo kann sich unser menschlicher Körper leichter entspannen als im warmen Wasser – weshalb es sich besonders gut anbietet, um sich gemeinsam eine Zeit des Wohlfühlens zu gönnen. Eine Möglichkeit, dieses wunderbar weiche und tragende Element zu genießen, ist natürlich in der Badewanne – allein oder zu zweit. Festlich vorbereitet mit Kerzenlicht, Musik und aphrodisierenden Düften, lässt sich hier ein kleines Fest der Entspannung begehen. Das Wasser reinigt, umarmt und massiert uns sanft.

Wasser ist das Element der Frau, es ist weiblich und fließend. Wir können mit unserer/unserem Liebsten zusammen ins warme Wasser gehen und uns dabei Geschichten aus Tausendundeiner Nacht erzählen. Eine Sahne-Honig-Mischung macht das Badewasser sanfter und geschmeidiger. Wichtig ist außerdem ein gutes Öl für die Haut und der richtige Zeitpunkt, die Wanne wieder zu verlassen.

Noch besser ist allerdings ein Swimmingpool mit warmem Wasser. Dort können wir einander halten und bewegen. Die Schwerelosigkeit des Wassers erlaubt uns Bewegungen, die an Land nicht möglich sind, denn das Wasser trägt uns. So wird es möglich, dass eine zierliche Frau einen kräftigen Mann hält wie ein Baby; beide können sich abwechselnd halten und sanft durchs Wasser bewegen. Alles erscheint einfacher und leichter, wenn wir es im Wasser tun. Ein wunderbarer, sanfter Raum von Vertrauen kann entstehen.

Eine völlig neue Form der Nähe

Für die folgende Übung brauchen Sie also ein warmes Wasserbecken. Sie finden es im Thermalbad oder in einem Hallenbad mit gut beheiztem Schwimmbecken im Freien; außerdem bieten manche Schwimmbäder Warmwassertage an. Gönnen Sie sich und Ihrem Partner einmal einen Abend in diesem tragenden und nährenden Element. Es kann eine wunderschöne Erfahrung für Liebende sein, gemeinsam ins Wasser zu gehen und sich gegenseitig zu halten und zu bewegen. Eine völlig neue Form von Nähe und gemeinsamem Erleben kann dadurch in die Beziehung kommen. Diese Arbeit ist wie das Element Wasser sehr weiblich und kann Sie dabei unterstützen zu vertrauen und loszulassen.

„Aqua Wellness" – so der Name der Körperarbeit im Wasser, die mancherorts von eigens dafür ausgebildeten Therapeuten angeboten wird – ist unter anderem sehr wirksam, um körperliche Nähe auf eine ganz neue Art und Weise und anders als im Sex zu erleben. Außerdem kann die Wasserarbeit sehr hilfreich bei Angst vor Intimität und Nähe sein und den Kontakt mit weiblichen, intuitiven Qualitäten stärken. Die gemeinsame Erfahrung von Meditation und innerer Stille bei Aqua Wellness kann auf eine sehr schöne Art miteinander verbinden.

Aqua Wellness

- Im Schwimmbad angekommen, lasst eure Körper ins warme Wasser gleiten. Schon beginnt ihr zu entspannen, umarmt vom sanften, weichen Element des Wassers. Eine ganz andere Welt ohne Schwerkraft und voller Leichtigkeit eröffnet sich um euch herum. Lasst euch ein paar Minuten Zeit, um euch auf diese neue Welt einzustimmen.

- Bestimmt nun, wer zuerst Gebender (A) bzw. Nehmender (B) ist. Partner B darf sich nun in die Arme von A begeben. Der linke Arm von B stützt den Kopf bzw. den Nacken in der Ellenbeuge, während der rechte Arm die Beine unter den Kniekehlen hält. B schließt nun die Augen und lässt sich von A im Wasser tragen. Schließlich beginnt A seinen Partner ganz langsam und sachte hin und her zu bewegen, so als ob er ein Baby im Arm hält, das er in den Schlaf wiegt.

- Der Nehmende darf nun loslassen. Es gibt nichts mehr zu tun. Nach den seitlichen Wiegebewegungen kann A seinen Partner auch leicht vor und zurück bewegen, während sein Körper sich ebenfalls ganz leicht nach vorn und zurück bewegt. Diese zwei Bewegungsabläufe kannst du am Anfang mehrmals hintereinander ausführen. Dabei kannst du nichts falsch machen, wenn du dich ganz auf deinen Partner einfühlst. Dazu ist es auch für den Gebenden hilfreich, zwischendurch immer wieder für eine Weile die Augen zu schließen.

- Wenn Impulse kommen, könnt ihr auch eigene Bewegungen ausprobieren. Es ist zum Beispiel ein sehr schönes Gefühl für den ganzen Körper, wenn die Beine von B leicht rotiert und geschaukelt werden. Mal kannst du den Körper deines Partners ganz nah an deinem halten, um ihm dann wieder mehr Spielraum zu lassen. Du kannst auch damit experimentieren, die Beine deines Partners loszulassen und ihn in größerem Bogen durchs Wasser zu bewegen, bis du seine Beine wieder „einfängst" und erneut zu ruhigeren Bewegungen übergehst.

- Wichtig ist die ganze Zeit über, dass der Kopf des Partners nicht nach hinten hängt, sondern fest gehalten wird. Alle Bewegungen, die du mit deinem Partner im Wasser ausführst, sollten ganz langsam und mit sehr viel Achtsamkeit ausgeführt werden. Nach etwa 15 bis 20 Minuten könnt ihr euch abwechseln.

- Nach der Sitzung in „Aqua Wellness" sollte der Gebende seinen Partner ganz behutsam am Beckenrand wieder auf die Füße stellen und durch ein kleine Massage an den Schultern und im Nacken wieder zurück in die normale Welt führen. Wechselt ein paar Worte, wie es euch ergangen ist, aber bleibt in der ruhigen und achtsamen Stimmung, in der ihr euch jetzt befindet.

- Wenn euch diese Übungen im warmen Wasser gefallen, könnt ihr euch auch nach einem Aqua-Wellness- oder Watsu(Wasser-Shiatsu)-Therapeuten in eurer Umgebung umhören. An Einführungstagen und Wochenendseminaren kann man zusammen richtig abtauchen und viele tolle Bewegungsabläufe und Techniken kennen lernen, die man dann zusammen praktizieren und sich gegenseitig schenken kann.

Gelöst und natürlich

Sexualität ist die kosmische Schnittstelle. Im Sex treffen sich nicht nur die menschlichen Genitalien, es begegnen sich die Erde und der Kosmos, das Animalische und das Göttliche. Ich bin inzwischen so frech zu behaupten, dass Tantra die Tore zu wirklich neuem und gutem Sex öffnet. Dabei meine ich gar nicht, dass man sich erst durch 1 000 Übungen, Rituale und Atemtechniken arbeiten muss, um tantrischen Sex erleben zu können – auch wenn das sicher von Nutzen ist – ich spreche vielmehr von einer inneren Grundhaltung, die Osho in seinen zahlreichen Vorträgen über Tantra und tantrische Meister immer wieder auf den gleichen Nenner bringt: „Sei entspannt, gelöst und natürlich!" Es ist höchste Zeit, ihn zu Wort kommen zu lassen: „Wenn ihr durch Sex zur Harmonie gelangt, wenn ihr durch die Liebe gelöst und entspannt werdet, wenn eure Liebe nicht bloß eine Entladung von Energie ist, weil ihr nicht wisst, wohin damit, wenn eure

Liebe nicht bloß eine Erleichterung, sondern eine tiefe Entspannung ist – du entspannst dich in deiner Frau und sie entspannt sich in dir –, wenn ihr für wenige Sekunden, für wenige Augenblicke oder Stunden ganz vergesst, wer ihr seid und euch in seliger Selbstvergessenheit auflöst, dann werdet ihr reiner, unschuldiger und jungfräulicher daraus hervorgehen. Euer Wesen wird sich völlig verändert haben – ihr werdet gelassener, zentrierter, mehr verwurzelt sein."

Orgasmus mal anders

Normalerweise hat das, was wir einen Orgasmus nennen, oberste Priorität. Er ist das A und O einer sexuellen Begegnung – und unsere Haltung dabei ähnelt einem Tausend-Meter-Läufer, der sich der Ziellinie nähert. Aber wie wäre es, wenn wir zur Abwechslung einfach einmal da bleiben wo wir sind – präsent und wach, ohne jeden Leistungsdruck, ohne bestimmtes Ziel? Ganz entspannt können wir Spaß miteinander haben und den Orgasmus einladen, zu uns zu kommen. Wir könnten uns von einem Augenblick in den nächsten fallen lassen und uns dem natürlichen Rhythmus unserer sexuellen Energie völlig hingeben. Was dabei geschehen kann, nennt man auch Talorgasmus (siehe Übung Seite 74) – eine gänzlich andere Erfahrung als unseren gewohnten „Entladungsorgasmus".

Normalerweise ist der ersehnte Moment kaum da – und auch schon wieder vorüber. Deshalb ist die weibliche Sexualität gewöhnlich authentischer als der Sex des Mannes. Wenn ein Mann eine Erektion hat, dann lässt sich sein Penis auch bis zum Höhepunkt stimulieren, es ist nur eine Frage der Zeit. Die Frau dagegen braucht für ein erfülltes sexuelles Erleben den ganzen Körper. „Frauen kommen langsam, aber gewaltig."

Wo bleibt die Leidenschaft?

Aber keine Angst: Wir müssen die geliebte Leidenschaft nicht vermissen, während wir uns auf Tantra einlassen. Vielmehr verzichten wir gewöhnlich darauf, wenn wir unsere gerade aufkommende sexuelle Energie so schnell wie möglich wieder entladen wollen. Sie könnte sich ebenso gut immer weiter aufbauen, bis wir auf ihr reiten wie ein Surfer auf den hohen Wellen des Ozeans. Dabei könnten wir jedoch die Kontrolle verlieren – das ist der Preis! In der Regel verzichten wir aber auf Ekstase und eine erfüllende, ganzheitliche Sexualität. Wir tauschen sie ein für die kleinen Freuden eines heftigen, aber kurzen Höhepunkts.

Vertrauen ist das beste Aphrodisiakum (siehe dazu auch „Vertrauensübung" Seite 67). Die richtigen Dinge zur richtigen Zeit geschehen aus einem gemeinsamen Raum von Vertrauen heraus. Die Voraussetzung für die Neugestaltung unserer Sexualität und das Eintauchen in das, was wir tantrische Erfahrungen nennen, ist unsere Präsenz und unsere Bereitschaft, einander im Sex neu zu begegnen – uns hinzugeben an die Magie und Unendlichkeit des Augenblicks.

Talorgasmus

- Nehmt euch einen Abend lang Zeit, bereitet euch einen schönen Raum mit Düften, Kissen, vielleicht auch Obst oder kleinen Häppchen. Bereitet auch eure Körper auf die Begegnung mit dem/der Geliebten vor, indem ihr ein Bad oder eine Dusche nehmt und euch mit sanft duftender Lotion eincremt. Esst nicht zu viel und nicht zu wenig, um weder hungrig noch vollgefüllt zu sein.

- Kommt in Ruhe und Achtsamkeit zusammen und nehmt euch Zeit für eine innige Begrüßung und ein kurzes Gespräch darüber, wie es euch gerade geht und was euch beschäftigt.

- Entkleidet euch dann und begebt euch auf euer vorbereitetes Liebeslager. Lasst eure Körper miteinander Kontakt aufnehmen. Tut es etwas langsamer, etwas achtsamer, etwas bewusster als sonst, so als ob ihr euch heute das erste Mal treffen würdet und euch nun erst einmal erkunden und kennen lernen wolltet.

- Erforscht einander bis ins Detail, fragt einander, welche Stellen eures Körpers berührt, geküsst und gestreichelt werden möchten. Vielleicht sind es Gesicht und Hals, die heute zärtliche Aufmerksamkeit möchten. Oder die hübsche Kuhle am Übergang zwischen Bein und Bauch möchte freundlich und liebevoll erkundet werden … Seid aufmerksam und sprecht aus, was euer Körper sich wünscht.

Spielt miteinander, solange ihr möchtet und schaut euch dabei immer wieder in die Augen, haltet Kontakt. Wenn ihr beide bereit seid, könnt ihr euch vereinigen. Tut auch dies in großer Ruhe – ohne viel zu *tun*.

Achtet darauf, bewusst und bei euch zu bleiben und bewegt euch nur so viel, wie es braucht, um seine Erektion zu halten. Küsst und streichelt euch weiterhin ohne Hast. Ihr könnt auch leise miteinander sprechen und euch liebevolle Dinge sagen. Lasst euch nicht von eurer Lust hinforttragen, sondern versucht, auf ihr zu reiten wie auf den sanften Wellen eines Sees.

In alten tantrischen Texten heißt es, dass etwa nach einer halben Stunde sexueller Vereinigung ein intensiver Austausch feinster Energiewellen beginnt. Ihr müsst dafür nichts tun, außer in Ruhe und im gegenwärtigen Augenblick zu bleiben.

Bleibt einfach in diesem Zustand, solange ihr möchtet – und gebt euch den feinen Energiewellen hin.

Es kann sein, dass ihr auf diese Weise gar nicht zum Orgasmus kommt, das muss auch gar nicht sein. Genießt einfach den Energieaustausch und diesen Zustand des Aufgeladen-Seins – statt der Entladung.

Wenn jedoch nach einer langen Weile der Orgasmus eintritt, wird er eine völlig andere Qualität haben als gewöhnlich. Er wird stiller sein, mehr nach innen als nach außen gerichtet, außerdem länger und intensiver. Jetzt heißt es nur noch: sich dem hingeben und genießen.

Von Traumprinzen und Superfrauen

Learning to love yourself, it is the greatest love of all.

Whitney Houston

Aus Angst, uns wirklich zu begegnen und verletzlich zu werden, bleiben wir gern in unserer vertrauten Vorstellungswelt stecken – in diesem Schneckenhaus voller Traumprinzen und Superfrauen. Dabei wissen wir ganz genau, wie der richtige Mann bzw. die richtige Frau sein sollte. Erica Jong, die mit ihrem Romandebüt „Angst vorm Fliegen" weltbekannt wurde, versteht sich als eine Expertin auf dem Gebiet der Suche nach dem richtigen Mann: „Der perfekte Mann, das gilt für jede Frau, ist einer, der sie unaufhörlich liebt und oft, gut und leidenschaftlich mit ihr Sex macht; der sie verehrt und bewundert; auf den Verlass ist und der zugleich für Spannung sorgt; ein irdischer Adonis und eine himmlische Vaterfigur; ein prächtiger Sohn, ein Daddy zum Anlehnen; ein wild blickender Lover und ein ruhiger, solider und doch witziger Freund."

Für einen Mann dagegen könnte die perfekte Frau wie eine Mischung aus dem Topmodel Laetitia Casta und Pamela Anderson aussehen. Sie sollte genauso gut kochen wie die eigene Mutter und auf die gleiche Art die Hemden bügeln. Sie müsste intelligent sein und gleichzeitig immer zur Verfügung stehen. Treu sollte sie außerdem sein. Am besten wäre eine Jungfrau, die sich im Bett so ungehemmt benimmt wie eine Pornodarstellerin. Sie sollte ihn bedingungslos bewundern und über alles reden müsste man mit ihr können. Jeden Wunsch sollte die perfekte Frau einem Mann von den Lippen ablesen können – und ihn zur rechten Zeit in Ruhe lassen.

Doch wie in Gottes Namen soll denn eine Frau oder ein Mann jemals diesen Vorstellungen entsprechen? Dazu kommt, dass wir normalerweise gar nicht so genau wissen, wer wir eigentlich sind.

Die Verschiedenheit akzeptieren

Frauen sind anders, Männer auch – so hieß vor einigen Jahren ein Bestseller aus den USA, indem der Autor John Gray recht nachvollziehbar beschrieb, dass Männer vom Mars und Frauen von der Venus kommen. Für ihn besteht der Schlüssel zum Ende des Geschlechterkampfes darin, dass sowohl Männer als auch Frauen die Verschiedenheit des anderen respektieren und anerkennen sollten. Männer bräuchten zum Beispiel ihre Höhle, in die sie sich beizeiten zurückziehen können. Außerdem sollte frau Männern nie beim Einparken dreinreden.

Frauen dagegen haben emotionale Rhythmen die sich häufig in einem schlagartigen Wechsel der Gemütsverfassung auswirken. Oft wollen sie nur angehört werden, ohne dass gleich etwas repariert werden muss. John Gray

verstand sein Buch als eine Art „Gebrauchsanweisung", die jede Frau zum richtigen Umgang mit ihrem Partner und jeder Mann zum besseren Verständnis seiner Gefährtin braucht. Frauen erzählen ihren Freundinnen oft stundenlang irgendwelche Geschichten ohne gleich einen guten Ratschlag einzufangen. Und Männer können es absolut nachvollziehen, wenn sich ein Mann zurückziehen und Fußball gucken will.

Die folgenden Erfahrungen aus einer Selbsterfahrungsgruppe namens „Top Secret" werfen ein erhellendes Licht auf die Kommunikation zwischen den Geschlechtern und auch von Männern und Frauen untereinander. Dabei wird klar, dass es eine Menge Dinge gibt, die wir miteinander lernen können, um das Gespräch zu vertiefen und uns das zu geben, was wir voneinander brauchen.

Top Secret

Vor ein paar Jahren leitete ich zusammen mit Coco Heinrichs eine Frauengruppe mit Männern. Der Name des von ihr entwickelten Workshops war „Top Secret" und es war ein außergewöhnliches Zusammentreffen: Ungebundene Männer und Frauen in der gleichen Anzahl fanden sich für ein gemeinsames Selbsterfahrungswochenende ein. Die Männer hatten in dieser Gruppe die Aufgabe, für die Frauen da zu sein. Außerdem gab es zwei Gruppenräume, in denen jeweils Männer und Frauen immer wieder unter sich sein konnten.

Es wurde ein ausgesprochen intensives Wochenende. Am Sonntagnachmittag zur Abschlussrunde sprachen viele Teilnehmer – zu unserer Freude und gleichzeitigen Verwunderung – von der besten Selbsterfahrungsgruppe ihres Lebens. Was war geschehen? Coco war es gelungen, eine erstklassige Mann-Frau-Gruppe mit einer Kombination aus Spaß und nachhaltigen Ergebnissen zu kreieren. Ein Teil des Erfolges war sicherlich auf die Struktur zurückzuführen: Männer und Frauen waren immer wieder unter sich, um sich gegenseitig zu stärken und zu bestätigen.

In unserer Kultur wird vieles, was Männer untereinander teilen können, an Stammtischen und in Sportvereinen ausgelebt. Dagegen ist nichts zu sagen, doch Männer könnten sich gegenseitig sehr viel mehr Unterstützung geben. Immer noch droht die Angst vor der Homosexualität, wenn Männer sich auf eine herzliche und offene Art begegnen. Für Frauen und ihre Freundinnen ist es viel selbstverständlicher eine Freundschaft von ganzem Herzen zu teilen. Es ist absurd, dass ein Mann befürchten muss, seine männliche Identität zu verlieren, wenn er unter seinesgleichen Gefühle zeigt und sein Herz öffnet. Denn wo normalerweise Konkurrenz herrscht, könnte man sehr rasch entdecken, dass man im gleichen Boot sitzt.

Königinnen und Diener

Bei Top Secret saßen wir im gleichen Boot, denn die Frauen waren an diesem Wochenende die Königinnen und die Männer ihre würdevollen Diener. Die Frauen hatten die Erlaubnis, ihre Wünsche den Männern gegenüber auszudrücken; die Männer waren ausschließlich in der gebenden Rolle. Normalerweise ist es eher umgekehrt – schließlich war es noch vor 40 Jahren in unserer Gesellschaft ganz selbstverständlich, dass die Frau für das Glück des Mannes zuständig sei. Es gehörte sich einfach nicht für eine Frau, zu sagen was sie will und was nicht. Das war Männersache! Frauen fielen lieber in Ohnmacht, statt mit der Faust auf den Tisch zu hauen. In dem für den Oscar nominierten Film „Elizabeth" über die englische Königin des 15. Jahrhunderts wurde auf erschreckende Weise deutlich, wie schwierig und gefährlich es für eine Frau in einer Machtposition sein konnte, wenn sie dabei Frau bleiben wollte.

Männern dagegen ist es offenbar irgendwann in der Vergangenheit untersagt worden, ein lebendiges, fühlendes Herz zu haben. Ein weinender Mann war (und ist) schnell unten durch. Auch heute noch ist es viel mehr angesagt, „cool" zu sein als ein berührtes Herz zu zeigen. Noch immer existiert die Vorstellung in unseren Köpfen, dass Coolness, Männlichkeit und Stärke nicht mit Verletzlichkeit einhergehen könnten. Auch ich verliere meine Tränen lieber in der Anonymität eines Kinofilms, als in einer menschlichen Begegnung. Es dauert lange und bedarf viel Bewusstseinsarbeit, bis Männer diese Konditionierung auflösen können.

Zwar liegen ein paar Jahre der sexuellen Revolution, der Aufklärung und der Frauenbewegung zwischen diesen alten Rollenbildern und heute, aber wenn wir genau hinsehen, können wir diese Muster nach wie vor in unseren Beziehungen entdecken.

Doch zurück zu Top Secret: Die Frauen hatten also die Erlaubnis und den Raum, ihre Wünsche auszudrücken und es bestand sehr wohl die Gefahr, dass diese von den Männern auch erfüllt würden. Dabei ging es selten direkt um Sex, sondern sehr viel öfter um die Herausforderung, mit den wirklichen Bedürfnissen des Moments in Kontakt zu sein und sich nicht zu scheuen, diese auch auszudrücken.

Das konnte beispielsweise so aussehen, dass eine Frau sich lediglich von einem Mann wünschte, dass er ihr zuhört und dabei ihre Hand hält. Oder sie forderte den Mann dazu auf, ihr schöne Worte zu sagen und sie für das anzuerkennen, was sie ist. Es wurde auch massiert und Liebe gemacht, aber meistens waren es tatsächlich die kleinen Dinge, durch die das Herz nachhaltig genährt wurde. Viele Herzen öffneten sich und einigen Männern gelang es, zum ersten Mal einfach nur zu geben – freimütig, großzügig und offen. Ein uralter Kreis begann sich zu schließen, eine alte Wunde konnte beginnen zu heilen.

Gerade im Tantra ist es so hilfreich, die ganz kleinen, versteckten Bedürfnisse zu erspüren und auszudrücken, in dem Vertrauen, dass unser Gegenüber liebevoll darauf eingehen wird.

Top Secret II

Top Secret war eine Männergruppe mit Frauen – geradezu ideal, wie ich fand. Denn andere Männer waren für mich seit jeher bedrohliche und eigenartige Wesen gewesen, gegen die ich mich in der Regel behaupten musste. Die Welt war voll von großen, arroganten Brüdern und fleißigen Vätern, die alles ganz genau wussten. Gott sei Dank gab es aber immer auch genügend andere Männer, denen ich zeigen konnte, wo's langgeht im Leben. Entweder ich fühlte mich unter- oder überlegen, es war ein Jammer. Deshalb pflegte ich viele platonische Freundschaften mit Frauen und vergaß, dass dies kein wirklicher Ersatz dafür ist, als Mann mit Männern zusammen zu sein. Es ist wichtig, genügend gleichgeschlechtliche Kontakte zu pflegen – sowohl in der „richtigen Welt", als auch im geschützten Raum einer Gruppe wie Top Secret.

Innerhalb weniger Stunden nach Gruppenbeginn waren wir Freunde, ein unschlagbares Team und erzählten einander viele Dinge, die so wohl von keinem von uns vorher ausgesprochen worden waren. Wir schenkten uns gegenseitig Geborgenheit, Zuwendung und Halt.

Ebenso erging es den Frauen im Gruppenraum nebenan. Eine von Cocos Assistentinnen hatte den Frauen mithilfe eines Speculums Einblick in das verborgene, weibliche Geschlecht gewährt. Da wurde zusammengerückt und hingeschaut und jede Frau war berührt von der gemeinsamen und der eigenen Schönheit. Eine der Frauen sagte daraufhin sogar eine Verabredung ab, weil sie plötzlich spürte, wie sie die Nacht zuvor verletzt worden war: „Wenn ich das sehe, kann ich keinen Sex mehr abgetrennt von mir selbst haben."

Auch andere Frauen zeigten sich und ihr Tor des Lebens. Tränen flossen, von einer Abtreibung wurde erzählt. Frauen, die sich zuvor nicht kannten, wurden zu Schwestern und waren füreinander da. Gestärkt und gebadet aus der Vertrautheit des eigenen Geschlechts wurden bei den gemeinsamen Sessions spontane und liebevolle Begegnungen möglich.

Pauls Heilung

Bei den Männern, als alle gerade sehr viel Spaß miteinander hatten, fing Paul, ein 40-jähriger Beamter, plötzlich zu schluchzen an. Sofort wendete sich die ganze Gruppe ihm zu und er teilte uns mit, dass er sich seit einem Unfall in seinem neunten Lebensjahr nicht mehr richtig entspannen und loslassen konnte. Dementsprechend wenig Glück hatte er in seinem Leben auch mit Frauen gehabt. Immer wenn es so weit gewesen wäre, bekam er Panikzustände. Wir Männer nahmen Paul in die Mitte und legten unsere Hände sanft auf seinen Körper, während er seinen uralten Schmerz fühlen und ausdrücken konnte. Ganz langsam war zu spüren, wie Paul innerlich auftaute und sich entspannte. Es war ein großes Geschenk für ihn und alle anwesenden Männer, diese heilsame Erfahrung miteinander zu teilen.

Später, in der Abschlussrunde äußerte Paul den Wunsch, sich in die Mitte legen zu dürfen und von allen Frauen in der Gruppe berührt und gestrei-

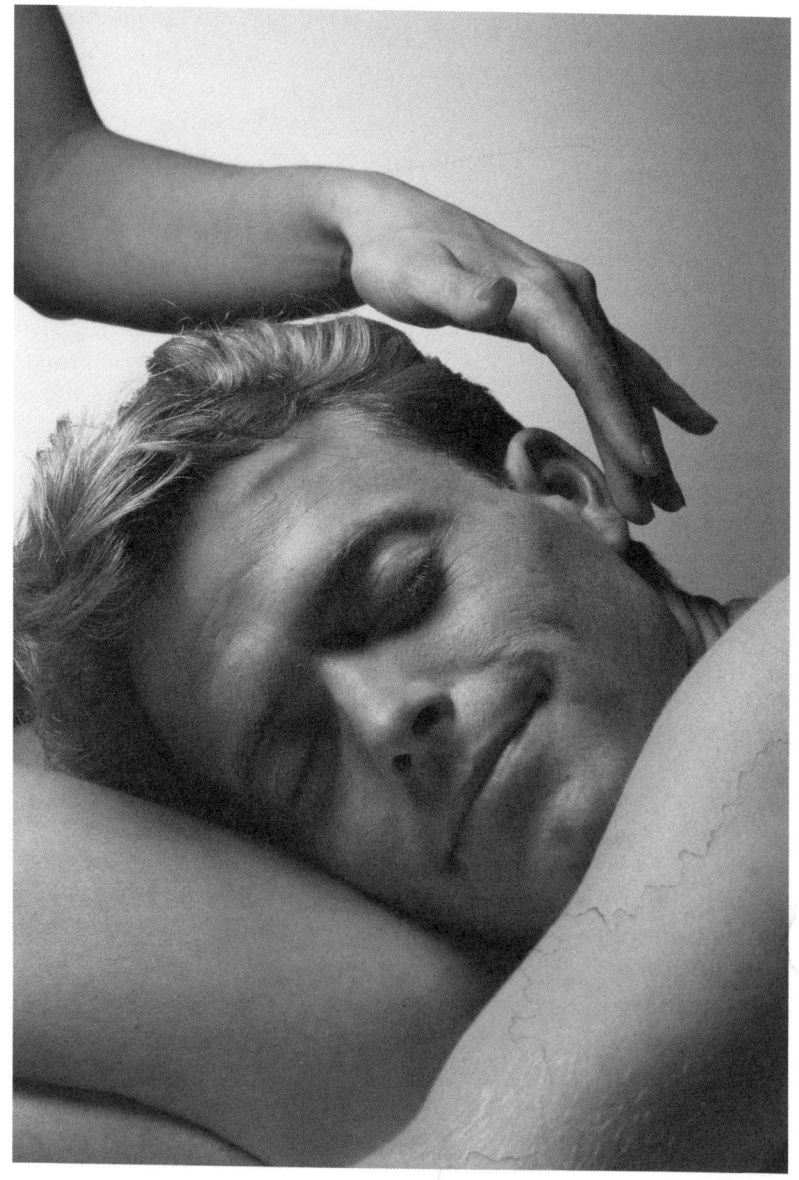

chelt zu werden. Ich konnte meine Tränen kaum zurückhalten als ich sah, wie es ihm plötzlich möglich war, all die weibliche Aufmerksamkeit anzunehmen und zu genießen.

Ein Mann konnte seinen Schmerz mit anderen Männern teilen und wurde dafür angenommen. Mehr musste gar nicht geschehen, um Paul eine neue Erfahrung zu ermöglichen, die sein Leben vielleicht von Grund auf verändert hat.

Mein Fazit aus diesen Gruppenerfahrungen: Wenn Frauen und Männer erkennen, dass sie bei aller Verschiedenheit im Grunde des Herzens die gleichen Dinge wollen, kann kein Krieg der Geschlechter länger existieren.

Was hat all das mit Tantra zu tun? Ganz einfach, die Kommunikation, Begegnung und Verständigung von Männern und Frauen spielt eine zentrale Rolle, um sich für tantrische Erfahrungen zu öffnen. Niemandem ist mit komplizierten Übungen geholfen, während er sich gleichzeitig im Nebel der unausgesprochenen Gedanken und zurückgehaltenen Emotionen befindet. Solange eine lebendige Verbindung auf allen Ebenen nicht gelebt wird, können unsere Beziehungen nicht ganz und heil werden.

Ein gemeinsames Heilungsritual

- Nehmt euch einen ganzen Abend lang frei. Seid euch bewusst, ein ganz besonderes Ritual miteinander zu teilen. Seid achtsam und liebevoll in der Vorbereitung – pflegt und schmückt euch selbst ebenso wie euren heiligen Raum. Stellt euch vor, es wäre ein ganz besonderer Tag, ein tantrischer Feiertag mitten im Jahr, den ihr selbst gewählt habt.

- Trefft euch zum vereinbarten Zeitpunkt in eurem heiligen Raum. Begrüßt euch ganz bewusst mit gefalteten Händen und einer leichten Verbeugung voreinander. „Namaste, ich grüße den Gott in dir." „Namaste, ich grüße die Göttin in dir." Ihr könnt diese Worte laut aussprechen oder auch nur in Gedanken. Umarmt euch, indem sich euer ganzer Körper berührt und atmet im gleichen Rhythmus ein und aus. Seid entspannt und lasst alles äußerst bewusst, aber mühelos geschehen.

- Nun setzt euch auf die vorbereiteten Kissen und meditiert etwa 15 Minuten in Stille miteinander (siehe auch „Stille Meditation", Seite 27). Taucht ein in die innere Stille und nehmt wahr, was in euch und um euch herum geschieht. Identifiziert euch nicht mit eurem Körper, den Empfindungen und Gedanken. Nach der Meditation könnt ihr euch gegenseitig ein kleines Geschenk überreichen.

- Bleibt weiterhin in Stille zusammen. Legt nun eure Kleider ab und legt euch zusammen auf eure Liebesstätte. Kuschelt euch ganz nah aneinander und lasst euch wieder im gleichen Rhythmus atmen – ganz leicht und mühelos.

- Alles ist okay, alle Gedanken, Gefühle und Regungen, alle Ängste. Wenn ihr eure Gefühle oder Gedanken ausdrücken möchtet, dann gebt diesem Impuls nach. Alles, was ihr eurem Partner auf seine Mitteilungen antwortet, ist ein leises *Ja,* das ihr ihm/ihr ins Ohr flüstert. Erlaubt euch alles was geschieht. Bestätigt euch dies immer wieder neu mit einem *Ja, es ist okay.*

- Spüre jetzt genauer hin, was du von deinem/deiner Liebsten brauchst. Es können ganz schlichte Wünsche sein, um die du deinen Partner bitten möchtest. Vielleicht möchtest du, dass er ausgiebig deinen Bauch streichelt oder dich am ganzen Körper sanft und liebevoll küsst. Oder du wünschst dir, dass sie dir zuhört und deine Hand hält, während du eine Geschichte erzählst, die dir wichtig ist und bei der du eine aufmerksame, verständnisvolle Zuhörerin brauchst … es kann alles sein! Gestatte es dir, deine intimen Wünsche auszudrücken!

- Seid einfach in einer besonders annehmenden, akzeptierenden und liebevollen Weise zusammen und lasst Gefühle und Gedanken weiterhin kommen und gehen. Es gibt kein Ziel zu erreichen, außer einfach nur in inniger und intimer Umarmung da zu sein, euch nah zu sein. Wenn Tränen kommen, lass sie kommen. *Ja.* Wenn Gefühle von Schmerz, von Abwehr oder Verlassenheitsängste kommen. *Ja.* Nichts wird ausgeschlossen. Alles wird geteilt und anerkannt.

- Setzt euch zum Schluss des Rituals noch einmal jeder für sich auf eure Kissen und integriert das zusammen Erlebte in der Stille. Schließt das Ritual nach einer kurzen Meditation wieder mit einer leichten Verbeugung und einem Namaste ab.

- Nehmt euch anschließend noch die Zeit, euch verbal auszutauschen über das Erlebte. Vergesst nicht, euch gegenseitig zu danken und euch für eure Offenheit anzuerkennen.

Zeit für die Liebe

Es ist gut, sich wirklich Zeit zu nehmen für die Liebe – und wenn es nur ein oder zwei unantastbare Abende in der Woche sind. Das soll natürlich nicht heißen, dass wir den Rest der Woche jede Gelegenheit für ein ausgedehntes Liebesfest versäumen. Aber um mit neuen Möglichkeiten in der Sexualität zu experimentieren, ist es hilfreich, sich einen besonderen Raum zu erschaffen. Dazu gehört auch ein gewisses Maß an Disziplin. Für die meisten Menschen ist es ungewöhnlich, eine bestimmte Zeit für die Liebe zu reservieren. Wo bleibt denn da die Spontaneität? Die muss dabei keinesfalls flöten gehen. Aber ein Abend gestaltet sich sicherlich anders, wenn wir uns darauf vorbereiten, als ob jemand Geburtstag hätte. Wir pflegen uns, nehmen ein Bad, machen uns schön. Wir denken an die Blumen für den Raum, an schöne Kerzen, Bilder, Räucherwerk oder Aromaöle und was wir sonst noch brauchen für unseren Liebestempel.

Wenn Sie sich dann zur vereinbarten Zeit treffen, empfängt Sie schon eine feierliche Atmosphäre. Vielleicht haben Sie sich schon vorher überlegt, wie Sie den Abend gestalten wollen oder Sie überlassen die Dinge einfach dem Augenblick.

Sie können damit beginnen, sich gegenseitig zu erzählen, wie es Ihnen geht, wie Sie sich heute fühlen. Vielleicht möchten Sie Ihrem/Ihrer Liebsten ein Kompliment machen und Ihre Liebe ausdrücken. Es ist sehr nährend, sich in einer solchen Umgebung zu begegnen. Still sitzen, reden, zuhören, einander achten. Sie befinden sich mitten im Alltag und lassen doch die ganze Welt vor der Tür.

Allein schon diese Atmosphäre und die besondere Aufmerksamkeit, die wir dieser Zeit der Liebe und damit dem/der Geliebten einräumen, bewirkt einen großen Unterschied zur alltäglichen Art uns zu begegnen. Denn einer der häufigsten Gründe, weshalb die Leidenschaft füreinander mit der Zeit nachlässt, besteht darin, dass wir genau zu wissen glauben, wer der andere ist. Wir vergessen dabei, dass das Bild unseres Partners zum größten Teil aus unseren eigenen Interpretationen zusammengeschweißt ist. Ein ritueller Rahmen gibt dagegen dem Unbekannten, einer Qualität des Göttlichen Raum – und uns damit die Möglichkeit, uns auf ganz neue Weise zu begeg-

nen. Wir achten einander, wir nehmen uns mit größerer Bewusstheit wahr. Wir sind dankbar, miteinander Zeit zu verbringen, in der wir einander unsere Gefühle und unsere Körper schenken.

In der folgenden Übung ergreifen wir auf spielerische Weise die Gelegenheit, mit den göttlichen und unbegrenzten Aspekten unseres Partners in Verbindung zu kommen. Der Mann wird zum Shiva, die Frau zur Shakti.

Wie Gott und Göttin

- Nehmt euch genügend Zeit und trefft euch mit schöner, leichter Kleidung in einem für diese Übung feierlich gestalteten Raum. Legt schöne Musik auf, die eine Atmosphäre zaubert, aus der heraus etwas ganz Besonderes geschehen kann.
- Begrüßt euch mit einer herzlichen Umarmung, bei der sich euer ganzer Körper berührt. Setzt euch anschließend jeder auf ein Kissen und schließt für einen Moment die Augen. Ruft eure innere Führung und bittet sie um Begleitung in diesem Ritual. Bleibt für etwa fünf Minuten in stiller Mediation.
- Setzt euch danach einander gegenüber, sodass sich eure Knie berühren. Faltet die Hände wie zum Gebet und sprecht laut oder in Gedanken die Worte: „Ich rufe den Gott in dir. Ich rufe die Göttin in dir". Schließlich begrüßt der Mann die Frau als Shakti, die Frau den Mann als Shiva. Ihr braucht euch diese magischen Wörter nur zuzuflüstern und ihr werdet beginnen, euren Partner mit ganz anderen Augen zu sehen. Nehmt eine achtsame innere Haltung ein, aus der heraus ihr mit dem göttlichen, unbegrenzten Teil im andern in Verbindung kommen könnt.
- Bleibt das ganze Ritual hindurch in Augenkontakt. Sobald störende Gedanken euch forttragen, kommt zurück und flüstert euch weiterhin die göttlichen Namen zu. „Shakti, Shakti! Shiva, Shiva!" Nimm alles, was von deinem Partner kommt, seine Worte, seine Ausstrahlung als Aspekte des Göttlichen wahr.
- Nun beginnt zusätzlich zum Augenkontakt, euch an den Händen zu berühren. Eure Handflächen streichen leicht übereinander und folgen einander in leichten, tänzerischen Bewegungen. Haltet euren Augenkontakt dabei aufrecht und lasst den Tanz auf euren ganzen Körper

übergehen. Spürt nur dem sanften, aber stetigen göttlichen Energiestrom nach, der sich zwischen euren Körpern entspinnt.

☙ Wenn ihr möchtet, könnt ihr jetzt eure Kleider ausziehen und den Tanz von Shakti und Shiva fortsetzen. Lasst alles mit Leichtigkeit geschehen und bleibt auf dieser feinstofflichen Ebene. Erinnert euch immer wieder daran, dass sich hier Gott und Göttin begegnen. Atmet leicht und tief im gleichen Rhythmus miteinander. Probiert neue Arten der Berührung aus. Öffnet euch immer mehr der Energie, die ihr eingeladen habt.

☙ Achtet darauf, dass alle Bewegungen und Impulse aus diesem feinen Raum kommen. Hier sind nicht länger Martin und Sabine zusammen, die sich schon seit sieben Jahren kennen, hier begegnen sich Shakti und Shiva, die Göttin in der Frau und der Gott im Mann. Unbegrenzt, göttlich und immer wieder neu. Genießt die Möglichkeit, in eurem Partner Dinge zu sehen, die ihr noch nie zuvor gesehen habt und euch aus einem Raum heraus zu begegnen, den ihr vielleicht zum allerersten Mal betretet.

☙ Horcht weiter auf die Energie die zwischen euch ins Fließen gekommen ist und erlaubt eurer Liebe und eurer Dankbarkeit, sich durch Worte, Gesten und Berührungen auszudrücken. Wenn ihr wollt, könnt ihr zum Abschluss des Rituals miteinander tanzen. Steht einfach auf, legt eine passende Musik auf und lasst eure Bewegungen weiterfließen.

☙ Eine herzliche Umarmung, in der sich wieder euer ganzer Körper berührt, beschließt euer Ritual. Spürt nach, wie sich euer Körper geöffnet hat und eure Energie dabei ins Fließen gekommen ist. Findet eine Geste, mit der ihr euch bei eurem Partner bedankt und ihn dafür anerkennt, mit euch dieses verrückte Ritual geteilt zu haben.

☙ Diese Übung kann hilfreich sein, festgefahrene Vorstellungen und Muster aufzulösen, die sich in eine Partnerschaft eingeschlichen haben. Außerdem ist sie eine schöne Möglichkeit, mit der eigenen männlichen bzw. weiblichen Kraft in Kontakt zu kommen und sich damit dem anderen zu zeigen. Euer Alltag und euer Zusammensein kann dadurch sehr bereichert werden.

Lust, Heilung, Integration

Tantra lässt sich zwar theoretisch beschreiben und definieren, aber die individuelle Erfahrung bleibt das A und O im tantrischen Reigen. Jeder muss letztlich sein eigenes Tantrabuch schreiben – und zwar im täglichen Leben, in der individuellen Erfahrung.

Es ist eine tief verwurzelte Konditionierung, dass ein weltliches und ein spirituelles Leben nicht zusammengehen können. Den vielleicht wichtigsten Ansatzpunkt für diese Spaltung finden wir in der Sexualität. Dieser kraftvolle Bereich war hervorragend geeignet, um die Menschen einst schuldig zu sprechen. Und die christliche Kirche hat sich diese Tatsache zunutze gemacht, um ihre Macht zu zementieren. Wir leben also seit Jahrhunderten in Sünde – nur deshalb, weil wir sexuelle Wesen sind.

Auch Tantra setzt in der Sexualität an – aber glücklicherweise auf der Seite der Lust, der Heilung, der Integration von Sex und Spiritualität. Im Tantra sind wir gleichermaßen sexuelle wie göttliche Wesen.

Wie schon an anderer Stelle gesagt, ist es für diese Integration vonnöten, uns auf die Suche zu machen – die Suche nach uns selbst. Dazu gehört eine Menge Selbsterforschung und damit die Absicht und Bereitschaft, uns unserer selbst, unseres kulturellen und persönlichen Hintergrunds, unserer Vorlieben und Ängste, unserer Eigenarten und Bedürfnisse immer mehr bewusst zu werden.

Vielleicht sollten wir damit beginnen, uns ein paar Fragen zu stellen, zum Beispiel: Warum finden wir so selten wirkliche Befriedigung und Erfüllung in unserer Sexualität? Warum müssen wir von einem Partner zum anderen rennen auf der Suche nach dem ultimativen Kick, auf der Suche nach dem Erleben von Einheit?

Tantra räumt mit vielen lieb gewordenen Vorstellungen auf. Eine davon ist der Glaube, dass das Glück außerhalb von uns selbst zu finden sei. Wir warten auf den perfekten Traumpartner, quälen uns selbst mit dem „richtigen" flachen Bauch, den „richtigen" festen Brüsten und dem makel- bzw. faltenlosen Gesicht. Sobald wir jedoch ein wenig Bewusstheit ins Spiel bringen, entdecken wir, dass die äußere Welt ohnehin nur ein Spiegel unseres Inneren ist – und dass Schönheit nichts mit „richtig" oder „falsch" zu tun hat.

Gerade in Beziehungen verbringen wir sehr viel Zeit damit, einander für Dinge zu bekämpfen, die wir uns gegenseitig lediglich widerspiegeln. Alles was eine Resonanz in uns auslöst, hat etwas mit uns selbst zu tun. Alle Fehler die wir beim anderen sehen, können wir auch bei uns selbst entdecken. Sobald wir jedoch sehen, was wir voneinander lernen können, bekommt das ganze Spiel eine völlig neue Ausrichtung. Wir lernen uns selbst kennen und uns selbst zu lieben – was letztlich dasselbe ist.

Spielfeld Partnerschaft

Eine Partnerschaft ist ein wunderbares Spielfeld, diese Liebe zu teilen und miteinander zu wachsen. Wir sollten uns immer daran erinnern, dass wir bei jedem Vorwurf, der Partner liebe uns nicht, mit der fehlenden Selbstliebe in uns selbst konfrontiert sind. Beim anderen können wir es lediglich besser sehen. Liebe ist eine Energie, die fließt, wenn unser Herz sich öffnet und wir mit uns selbst und dem Leben in Verbindung sind. Sie hat herzlich wenig damit zu tun, welche Art von Brüsten die Partnerin oder welchen Penis der Partner hat. Alles, was wir wirklich wollen, ist zu lieben und uns eins zu fühlen. Wenn diese Liebe zu fließen beginnt, verlieren viele Fragen augenblicklich an Bedeutung.

Natürlich ist die Wahl des „richtigen" Partners eine Angelegenheit, in der verschiedene Kriterien eine Rolle spielen. Unter all den gemeinsamen Vorlieben liegt das Geheimnis der Partnerwahl vor allem in einer Art von gemeinsamer Schwingung. Es ist eine geheimnisvolle Sache: Warum gerade sie und nicht die Frau da drüben? Warum gerade er und nicht der Mann von nebenan? In der Phase der Verliebtheit scheint das ganze Universum nur für die beiden Liebenden zu existieren. Wenn die Aufregungen der Flitterwochen dann vorüber sind, sehen wir plötzlich unseren Traumprinzen oder unsere Traumfrau mit all ihren Macken und Eigenheiten. Die Kunst besteht darin, den Zauber weiterleben zu können, wenn diese verrückte Zeit vorüber ist. Und an diesem Punkt ist es ein großer und ebenso befreiender Schritt, sich auf Tantra und spirituelles Wachstum einzulassen.

Tantrischer Sex – bewusster Sex

Auch in Bezug auf unsere Sexualität können wir natürlich nur da beginnen, wo wir gerade stehen. Dabei macht es einfach keinen Sinn zu sagen, diese Art von Sex wäre Tantra und eine andere nicht. Tantrischer Sex ist in erster Linie bewusster Sex. Und Sex mit Bewusstheit führt dazu, dass wir eine Art zu lieben entwickeln, die mit unseren aktuellen Gefühlen und Bedürfnissen und damit mit unserer eigenen inneren Wahrheit in Einklang steht.

Bewusster Sex bedeutet nicht, dass wir irgendetwas tun müssen, um etwas Bestimmtes zu bewirken oder irgendein Ziel zu erreichen. Es bedeutet lediglich, dass wir ein wenig mehr Ehrlichkeit und Wachheit in einen Bereich bringen, der sonst häufig im Verborgenen bleibt. Am besten wir beginnen einfach damit, das anzuerkennen was da ist – was auch immer es ist.

Vielleicht sind wir schon seit geraumer Zeit damit befasst, unsere Art von Sex auf die eine oder andere Art zu beurteilen und nehmen uns gleichzeitig durch diese negative Bewertung die Möglichkeit, etwas zu verändern. Vielleicht denken wir, unser Sex sollte tantrischer, liebevoller oder erfüllter sein und haben bestimmte Vorstellungen davon, wie sich das anfühlen sollte. Vielleicht ist es auch ein Gefühl von Mangel, mit dem wir nicht zurechtkommen. Oder wir denken wir verlieren zu viel Energie im Sex, ohne dass wirklich nachhaltig etwas dabei herausspringt.

Und genau hier, bei diesen Gedanken und Gefühlen, können wir beginnen, das Programm zu wechseln – vor allem indem wir uns zuerst einmal für die Art unseres sexuellen Ausdrucks anerkennen. Wir können es wertschätzen, wie weit wir es bis jetzt gebracht haben und uns schließlich dafür lieben. Denn jede Veränderung beginnt damit, uns zu verbinden mit dem was ist. Sobald wir uns diesen Raum zugestehen können und uns erlauben so zu sein wie wir sind, öffnen wir uns auf ganz natürliche Weise für ungeahnte neue Möglichkeiten.

Vielleicht entdecken wir in unserer Sexualität auch Grenzen, die wir permanent überschreiten und andere überschreiten lassen. Allein schon die Entdeckung, wer wir als sexuelle Wesen sind und welche Vorstellungen wir darüber haben, ist eine heilsame Angelegenheit. Vielleicht sind wir ja gar nicht das geile (oder das schüchterne) Weib, das alles mitmacht und immer zur Verfügung steht. Oder wir sind gar nicht der Kerl, für den jede Begegnung immer mit einer heißen Nummer im Bett enden muss.

Tantra beginnt genau hier. Wir müssen noch nicht mal unser gewohntes Verhalten ändern und umkrempeln, denn das funktioniert sowieso nicht. In dieser Hinsicht schenkt uns Tantra die völlige Freiheit. Es ist nicht notwendig jemand anderes zu sein als wir jetzt sind – ganz im Gegenteil. Tantra ist eine Einladung, immer mehr wir selbst zu werden.

Schreibübung

- Nimm dir Blatt und Papier und zieh dich für eine Weile zurück.
- Spüre in dich hinein und betrachte dein Sexualleben – in Gegenwart und Vergangenheit – und beginne aufzuschreiben, wie du es empfindest.
- Vielleicht möchtest du eine Liste anfertigen mit den Punkten „Das läuft gut im Bett" / „Das läuft nicht so gut" / „Das fehlt mir beim Sex".
- Du kannst dir natürlich weitere Punkte ausdenken, über die du dir mehr Klarheit verschaffen möchtest, zum Beispiel über deine Fantasien, Ängste oder Erlebnisse aus deiner Kindheit, die dein sexuelles Verhalten und deine Ansichten über Sex geprägt haben.
- Während du schreibst, versuche, neutral zu bleiben und dich nicht in Gefühlen wie Ärger über dich selbst oder deine Sexualpartner zu verlieren. Betrachte diesen wichtigen Bereich deines Lebens liebevoll, aber mit innerem Abstand.
- Überlege dir am Ende, wie du die Dinge, die du brauchst und die dir in deinem Liebesleben fehlen, verwirklichen kannst. Vielleicht ist dazu ein Gespräch mit deinem Partner nötig. Du könntest ihm vorschlagen, einige Übungen aus diesem Buch auszuprobieren, die du in diesem gesamten Kapitel findest. Natürlich kannst du auch von einigen Übungen profitieren, wenn du gerade ohne Partner bist. Oder du überlegst dir, ob du nicht mal eine Tantra-Gruppe besuchen willst, Adressen dazu findest du ab Seite 103.

Oralen Sex, wer mag ihn nicht?

Männer lieben es und Frauen lieben es auch: sich gegenseitig die Genitalien zu küssen, daran zu saugen, zu schlecken oder auch leicht zu knabbern. Doch oft herrscht in diesem Bereich ein wenig Beklemmung und Stillschweigen. Manche Menschen halten oralen Verkehr für obszön und haben deshalb Probleme, unvoreingenommen damit umzugehen. In anderen Kulturen, zum Beispiel in Indien, hält man einen Zungenkuss auf offener Straße für obszöner als öffentlichen Geschlechtsverkehr, während oraler Sex mehr als Massagetechnik betrachtet wird.

Oraler Sex sollte immer ein gegenseitiges Geschenk sein und nie als selbstverständlich hingenommen werden. Es ist gut, unvoreingenommen darüber zu sprechen. Dies setzt natürlich sehr viel Vertrautheit und ein Wissen über die eigenen Vorlieben und Grenzen voraus. Fellatio und Cunnilingus bieten ein weites Spielfeld, sich gegenseitig Lust zu schenken.

Ansonsten ist es empfehlenswert, nicht nur irgendwelche Handlungen mit Zunge und Mund auszuführen, um dem anderen damit wohl zu tun. Ein ständiges Spielen miteinander sollte es sein, an dem beide ihren Spaß haben. Das Schmecken des Partners in dessen intimsten Bereichen kann auch ein Zeichen dafür sein wie die sexuellen Energien überhaupt zusammenpassen. Es gibt Männer, die eine Frau schon in der ersten Nacht mit dem Mund verwöhnen, um durch das Schmecken und Riechen instinktiv herauszufinden, ob sie sich näher auf sie einlassen sollten. Manchmal können auf diese Art aber auch Empfindungen des Ekels vorgeschoben werden, um eine wirkliche Begegnung zu vermeiden. Auch Missverständnisse und zu hastiges Vorgehen bei intimen Küssen sind nicht selten.

Der Tantra-Experte Andro liefert uns das Motto für dieses Kapitel: „Cunnilingus und Fellatio werden von allen Beteiligten mit größerem Vergnügen erlebt, wenn man sie als originäre Formen der Lust begreift und praktiziert, sich über negative kulturelle Wertungen und vorgeschobene Ekelempfindungen hinwegsetzt und sich um einen sensiblen Umgang mit den Lustzentren der Partnerin oder des Partners bemüht."

Zum Thema Fellatio und Cunnilingus möchte ich an dieser Stelle ein kleines Experiment vorschlagen.

Sing mir das Lied der Lust

- Das folgende Experiment könnt ihr jederzeit in euer Liebesspiel einbauen, es kann ein wunderbares gemeinsames Erlebnis sein.

- Wenn du seinen Penis im Mund hast – oder du umgekehrt ihre Vagina küsst und leckst – versucht einmal, dabei zu summen. Ja, richtig gelesen! Dies massiert den Penis auf eine sehr angenehme Art oder versetzt die Vulva in äußerst angenehme Vibrationen.

- Ihr könnt auf diese Weise einen regelrechten gemeinsamen Gesang und damit einen Energiekreis erzeugen, wenn auch der empfangende Partner parallel dazu seine Lust mit Tönen ausdrückt, die über das gewöhnliche „Aaahh" und „Oohhh" hinausgehen.

- Beim oralen Sex miteinander zu singen, ist ein wunderbares Experiment und kann sowohl große Heiterkeit auslösen, als auch in sehr tiefe ekstatische Bereiche führen. Bitte nehmt euch die Freiheit, mit neuen Tönen zu experimentieren!

Ein ekstatisches Spiel

Im tantrischen Liebesspiel ist Geschlechtsverkehr der reinste Luxus und keine Notwendigkeit. Viel mehr geht es um ein ekstatisches Spiel, einen Reigen von Begegnung und körperlicher Freude. Es klingt oft ein wenig komisch wenn die Tantriker sagen, dass man keinen Sex haben soll, wenn man geil ist. Das widerspricht all unseren Erfahrungen und anscheinend auch dem natürlichen Fluss der Dinge. Aber es ist schon was dran. Unser Körper und unser Verstand sind normalerweise ziemlich angespannt und aufgeregt, wenn wir Lust auf Sex haben. Wir wollen den anderen haben, wir begehren ihn, in uns brennt ein Feuer und wir wollen uns verströmen. Wir machen die Erfahrung, dass wir im Sex unserer ursprünglichen Lebensenergie am nächsten sind. Doch wir kennen auch die Gefahr, den Kontakt zu uns selbst und zu unserem Partner zu verlieren. Wir verwechseln unsere Begierde mit Liebe. In diesem Moment laufen wir Gefahr, uns gegenseitig zu benutzen und Energie aneinander zu verlieren. Deshalb rät Tantra, schon vor dem Sex in einer Meditation oder einer entspannten, liebevollen Begegnung zusammenzukommen, um Achtsamkeit ins Spiel zu bringen. Fehlt diese liebevolle Wachheit füreinander, gehen das „Sich-aneinander-Freuen" und die Funken der Sinnlichkeit alsbald in ein „Kommen-Wollen" über. Der Orgasmus wird dann mehr als die Entladung von einem gewaltigen Druck empfunden. Anschließend fühlen wir uns zwar entspannt, aber irgendwie auch sehr erschöpft und leer. Manchmal fühlt sich dann jeder allein in seiner eigenen Welt, es findet kein wirklicher Kontakt mehr statt – und das ist meistens ein frustrierendes Gefühl.

Versuchen Sie es doch – sozusagen als Gegenprogramm – einmal mit dem folgenden Ritual.

Tantrisches Liebesspiel

- Nehmt euch genug Zeit. Entspannt euch. Versucht, möglichen inneren Druck oder innere Spannungen durch aktive Meditation (siehe Seite 30) oder ein klärendes Gespräch aufzulösen.

- Gelangt zu einer leichten und spielerischen inneren Haltung, nehmt die Liebe einfach nicht so ernst und bedeutungsvoll. Wenn ihr besonders viel Ärger aufgestaut habt oder den Kopf voller lärmender Gedanken, versucht es doch mal mit einer Kissenschlacht.

- Kommt dann zur Ruhe und beginnt, euch gegenseitig zu verwöhnen, das kann sein indem ihr euch streichelt, massiert, füttert, auch von oben bis unten küsst … lasst eurer Fantasie freien Lauf. Bleibt dabei in dieser spielerischen, leichten Haltung und lasst euch nicht von aufkommender Erregung und Leidenschaft mitreißen.

- Seid ehrlich miteinander und achtet darauf, dass euer Kontakt während des Liebesspiels nicht abbricht. Teilt euch mit, was euch gefällt, was ihr am anderen liebt und was ihr euch von ihm wünscht und feiert ein gemeinsames Liebesfest.

- In Phasen wo ihr euch gegenseitig stark erregt, zum Beispiel indem ihr eure Genitalien streichelt oder küsst, kommt anschließend immer wieder kurz zusammen, kuschelt euch aneinander und teilt euch liebevoll eure Gefühle mit.

- Vielleicht saugt sie an deinem Penis, küsst ihn und macht alles mit dem Mund, was du so gern magst. Du bist einerseits hoch erregt und

wünschst dir, sie möge nie wieder damit aufhören, aber zugleich bist du mit allen möglichen Gedanken und Fragen beschäftigt: „Gefällt ihr das wirklich? Macht sie das nur mir zuliebe? Sollte ich ihr meine Erregung mehr zeigen? Sollte ich nicht auch irgendetwas tun?" Auch wenn es sehr viel Vertrauen erfordert und eine gute Portion Überwindung kostet, lohnt es sich, ehrlich miteinander zu sein. Erzähl ihr einfach deine Gedanken. Jetzt gleich.

☙ Oder vielleicht stimuliert er deine Klitoris und du findest es ganz wunderbar, aber noch wunderbarer wäre es, wenn er es in einem anderen Rhythmus täte oder ein wenig sanfter oder wenn er gleichzeitig deine Brüste anfassen oder deinen Bauch streicheln würde … Sag deinem Liebsten einfach, was du von ihm brauchst und sag es jetzt gleich!

☙ Der gemeinsame Fokus in diesem Liebesspiel liegt darin, jeden Moment der Begegnung zu feiern mit allem was auftaucht und dabei ausnahmsweise nicht zum Orgasmus zu kommen. Zwischendurch, wenn die Erregung etwas abflaut, ist es auch schön nur beisammen zu liegen, sich zu halten und zu spüren. Wenn die Energie wiederkommt, wollt ihr euch vielleicht wieder vereinigen.

- Gerade wenn der Penis in die Scheide eindringt, versucht in Kontakt miteinander zu bleiben. Seid achtsam, um euch beim Liebesspiel nicht zu verlieren. Wenn die sexuelle Energie zu stark wird und seine Ejakulation kurz bevorsteht, macht langsamer und entspannt euch wieder. Lasst euch von der Energie wie von Wellen im Ozean tragen.

- Wenn die aufsteigende Energie sich in Gefühlen ausdrücken will, dann gebt euch ganz liebevoll Gelegenheit dazu. Es muss nichts bewiesen und kein Konzept erfüllt werden. Manchmal ist es auch sehr befreiend, tiefsitzende Ängste beim Sex auszudrücken.

- Vielleicht kommen dir plötzlich die Worte „Bitte verlass mich nicht" und normalerweise unterdrückt dein rationaler Verstand diesen Impuls aus einer alten Gewohnheit heraus. Sprich es diesmal einfach aus! Gebt euch für alles Raum, was geschehen will.

- Gönnt euch dazwischen eine Pause, in der ihr zusammen oder getrennt spazieren gehen könnt, kommt anschließend wieder zusammen und setzt euer Liebesspiel fort. Es kann sich über Stunden, den ganzen Tag oder ein volles Wochenende hinziehen. Achtet nur darauf, nicht zum Höhepunkt zu kommen und in ehrlichem, liebevollem Kontakt miteinander zu bleiben.

- Wenn ihr die innere Flöte (siehe Seite 63) schon geübt habt, dann ist jetzt der Zeitpunkt, sie gemeinsam mit dem Partner auszuprobieren.

- Dieses bewusste Liebesspiel kann euch etwas über Ekstase und Hingabe zeigen. Ihr werdet eure Energien als Mann und Frau auf eine ganz neue und großartige Weise entdecken.

- Vergesst auch nicht, dieses Liebesspiel auf eine bewusste Art, durch eine kleine Meditation oder ein Ritual, in dem ihr euch gegenübersitzt und euch beieinander bedankt, abzuschließen, bevor ihr langsam wieder in euren Alltag zurückkehrt.

Tantrische Vision

Je bewusster ihr werdet, desto mehr übernehmt ihr die Verantwortung dafür, wie ihr euren Körper benutzt, wo ihr ihn hinbringt, womit ihr ihn in Verbindung bringt und natürlich mit wem ihr euch sexuell austauscht.

Barbara Marciniak, *Boten des neuen Morgens*

Unsere gewohnte Welt scheint zum Ende des 20. Jahrhunderts bzw. zum Anfang des 21. völlig aus den Fugen zu geraten. Wir leben ohne Zweifel in einer hoch interessanten Zeit. Eine Jahrtausendwende mitzuerleben, ist eine seltene Gelegenheit. Millennium heißt das Wort der Stunde. Unzählige Prophezeiungen überschlagen sich.

Plötzlich haben wir die Stunde null – ein Niemandsland scheint vor uns zu liegen. Und egal wie wir es halten, die Zeitenwende fordert uns dazu auf, Bilanz zu ziehen und genau hinzuschauen, wo wir stehen und was wir wollen.

Ich sehe das Bild eines Goldsuchers, der im Fluss steht und mit feinem Sieb und wachsamem Auge unter all den Schlamm- und Gesteinsmassen nach dem Funkeln des Edelmetalls Ausschau hält. Gut, die Vergangenheit ist vorüber und heute mögen sich andere Dinge abspielen, aber die Entwicklungen und Erfahrungen zumindest der letzten zehn Jahre waren zu stark und zu eindrucksvoll, um einfach darüber hinweg in ein neues Jahrtausend zu stolpern.

Es reizt mich ungeheuer, die Essenz all dieser Jahre herauszufiltern, zu überprüfen, in welcher Form sie in mein jetziges Leben passt, und ihr eine Verbindlichkeit zu geben. Die Jahre des Ausprobierens, des Erfahrungen-Sammelns und der vielen Experimente sind vorüber, denn das Millennium konfrontiert uns mit einer großen Herausforderung. Es geht um nichts Geringeres als um unsere Vision des Lebens!

Mit Himmel und Erde verbunden

Bei all dem Neuen und Unbekannten dieser Zeit geht es darum, genau im Auge zu behalten, wer wir sind und was wir von diesem Leben wollen. Gleichzeitig müssen wir lernen, ganz entspannt und voller Vertrauen von Augenblick zu Augenblick zu leben. Sind das nicht lohnenswerte Absichten? Ein Leben voller Möglichkeiten. Gleichzeitig mit der Erde und dem Himmel verbunden, könnten wir zu einer neuen Form von Freiheit finden, an die wir gewöhnlich nicht einmal zu denken wagen – während wir verwurzelt in unserer Mitte bleiben und unseren Alltag meistern.

Jetzt ist ein guter Moment, genau hinzusehen, wovon wir träumen und wonach wir uns sehnen. Geben wir unserer Sehnsucht einen Namen und eine Gestalt und wagen wir uns auf das Spielfeld des Lebens!

Ich halte es weder für notwendig, die Jahrtausendwende überzubetonen, noch kann ich mich damit begnügen so zu tun, als ob gar nichts geschähe. Klar weiß die Sonne nichts von einem Millennium und wird wohl genauso zuverlässig jeden Tag auf- und untergehen. Auch andere Kulturen mit einem anderen Kalender lässt die Sache völlig kalt. Dennoch schauen wir angesichts der vor uns liegenden „Nuller"-Jahre geradewegs ins Nichts hinein – und das Nichts ist bekanntlich die ideale Plattform für unbegrenzte neue Möglichkeiten. Eine dieser Möglichkeiten ist die tantrische Vision: Bewusstheit und Achtsamkeit in unser Leben bringen, der Liebe die oberste Priorität einräumen, sie auf der körperlichen, emotionalen und spirituellen Ebene verwirklichen.

Religion des kommenden Jahrhunderts

Viele Menschen haben die Empfindung, dass sich die Zeitqualität in den vergangenen Jahren erheblich intensiviert und beschleunigt hat. Immer mehr Dinge geschehen in immer kürzerer Zeit. Wir tun daher gut daran, zu wissen was wir beabsichtigen – es könnte schneller wahr werden als wir denken. Das gilt auch für die tantrische Vision. Ob man es so nennen wird oder nicht, aber Tantra wird die Religion des kommenden Jahrhunderts sein, denn die Menschen können es sich gar nicht länger leisten, ein gespaltenes Dasein zu führen und die wesentlichen Bereiche des Menschseins voneinander zu trennen. Es wird eine lebensbejahende Religiösität und eine heilige Sexualität gelebt werden, wobei die Grenzen verschwimmen. Jeder Einzelne wird mehr und mehr in der Lage sein, seinen göttlichen Kern und die Führung in sich selbst zu finden. Gott wird überall dort sein, wo wir sind und wir werden frei sein, die Verbundenheit mit allem Lebenden zu erkennen und zu feiern.

Es braucht fröhliche und mutige Menschen für diese tantrische Vision. Niemand weiß genau, wie es aussehen wird und was die Menschheit in dieser Übergangszeit noch erleiden muss, aber das Zeitalter des Wassermanns hat dennoch begonnen. Es ist ein tantrisches Zeitalter und es macht keinen Sinn, erst zu warten bis es keinen Krieg mehr auf dieser Erde gibt und überall Gerechtigkeit herrscht. Gott mit all seiner Macht und all seinen schöpferischen Möglichkeiten befindet sich nicht länger außerhalb von uns, sondern er ist in uns selbst zu finden – in jedem von uns.

Die Spaltung zwischen den animalischen Wurzeln und den göttlichen Möglichkeiten wird im neuen Zeitalter nicht mehr nötig sein. Wir können wählen, ob wir ein Leben „im Kampf gegen" oder „in Verbindung mit" vorziehen, ob wir die Welt weiterhin in gut und schlecht aufteilen oder beides am Schopfe packen, um frohen Mutes über die Dualität hinauszugehen.

Und wir müssen, können und dürfen an keinem anderen Ort beginnen als an dem wir jetzt gerade stehen, mit allem, was wir an uns mögen und nicht mögen, allem, wofür wir uns lieben oder uns gewöhnlich hassen. Unser Spielfeld ist das ganze Universum und die Spielregeln bestimmen wir selbst, sofern wir aus Liebe denken, handeln und fühlen. Und das ist Tantra.

Literatur und Adressen

Empfehlenswerte Bücher

Margot Anand: *Tantra – Weg der Ekstase*, Simon & Leutner Verlag 1996

Margo Anand: *Tantra oder die Kunst der sexuellen Ekstase*, Goldmann Verlag 1990

Margo Anand: *Ekstase für jeden Tag*, Heyne Verlag 1999

Margo Anand: *Magie des Tantra*, Goldmann Verlag 1995

Andro: *Die fünf Tantrika*, Nietsch Verlag 1996

Andro: *Tantra Yoga*, Nietsch Verlag 1997

Andro: *Berühre mich*, Nietsch Verlag 1993

Andro: *Mehr Spaß am Sex*, Rowohlt Verlag 1999

Andro, Devatara: *Die Orgasmus Schule*, Nietzsch Verlag

Alex Comfort: *Tantra of Sex*, Ullstein Verlag 1993

Kamala Devi: *Tantra-Sex*, Goldmann Verlag o. J.

Nik Douglas, Penny Slinger: *Das große Buch des Tantra*, Sphinx Verlag 1994

Elisabeth Fenwick: *Happy Sex*, Gondrom o. J.

Jerry Gillies: *Transzendenter Sex*, Heyne Verlag

Thaddeus Golas: *Der Erleuchtung ist es egal…*, Sphinx Verlag o. J.

Charles u. Caroline Muir: *Tantra – Die Kunst bewussten Liebens*, Heyne Verlag 1999

Osho: *Tantra, Energie und Ekstase*, Goldmann Verlag 1999

Osho: *Tantra – Die höchste Einsicht*, Osho Verlag 1995

Osho: *Tantra, Spiritualität & Sex*, Osho Verlag 1997

Osho: *Meditation – Die Kunst der Ekstase*, Osho Verlag 1995

Michael Plesse & Gabrielle St. Clair: *Feuer der Sinnlichkeit*, Goldmann Verlag 1992

Ma Deva Pyari: *Tantrisches Leben*, Heyne Verlag 1998

Wilhelm Reich: *Die Funktion des Orgasmus*, Kiepenheuer + Witsch 1987

Sunyata Saraswati: *Juwel im Lotus*, Bauer Verlag 1995

Sugata W. Schneider: *Tantra – Spiele der Liebe*, Rowohlt 1994
Sugata W. Schneider: *Tantra 99 – Erotik und Transzendenz*,
Connection Medien o. J.
Werner Stephan: *Regenbogen-Tao-Tantra*, Selbstverlag
Ashley Thirleby: *Das Tantra der Liebe*, Scherz Verlag 1991
Ashley Thirleby: *Tantra – Reigen der vollkommenen Lust*,
Scherz Verlag 1991
André von Lysebeth: *Tantra für Menschen von heute*, Mosaik Verlag 1990
Diane von Weltzien (Hrsg.): *Das Tantra-Praxisbuch*,
Goldmann Verlag 1999

Empfehlenswerte Internet-Seiten

www.tantra.com
www.skydancing.com
www.the-park.com/erospirit
www.hubcom.com/tantric
www.tantra.com/jwala
www.tantra.at

Empfehlenswerte Tantra-Adressen

Antinous Institut
Mansteinstr. 14
10783 Berlin
Tel.: 0 30 / 2 16 31 29
Fax: 3 16 66 54

ZEGG
Rosa-Luxemburg-Str. 89
14806 Belzig
Tel.: 03 38 41 / 5 95 10
Fax: 5 95 12

Lebenskunst & Tantra
Mehringdamm 32/34
10961 Berlin
Tel.: 0 30 / 85 60 09 63
Fax: 25 29 87 01

Top Secret
Muskauer Str. 20 a
10997 Berlin
Tel. + Fax: 0 30 / 6 12 21 29

Merz Training
Fuchsloch 22 a
21244 Buchholz
Tel.: 0 41 81 / 28 04 66
Fax: 28 04 67

Die Tantrische Hochzeit
Körnerwall 12
28203 Bremen
Tel.: 04 21 / 7 68 20
Fax: 70 71 35

Zentrum für Partnerschaft
Lüdemannweg 30
28865 Lilienthal
Tel.: 0 42 98 / 43 92
Fax: 93 91 82

Laya Aulenbacher
Thesingsallee 2
33332 Gütersloh
Tel.: 0 54 21 / 1 23 44

Orgoville Hessen
Wassermühle
37284 Waldkappel
Tel.: 0 56 58 / 84 89
Fax: 85 06

Institut für die tantrische Vision
Hangarsteinweg 22
34292 Ahnatal
Tel. + Fax: 0 56 09 / 76 84

Osho Uta Institut
Venoer Str. 5–7
50672 Köln
Tel.: 02 21 / 5 74 07 30

Tantra – Magie der Liebe
Hildastr. 35
69115 Heidelberg
Tel.: 0 62 21 / 2 38 68
Fax: 2 38 89

Advaita – Tantra-Schule
Distelweg 17
65527 Niedernhausen
Tel.: 0 61 27 / 7 93 82
Fax: 7 93 12

Focus Zentrum
Alexanderstr. 81
70182 Stuttgart
Tel.: 07 11 / 24 55 85
Fax: 23 36 44

Orgoville International
Schützestr. 20
78462 Konstanz
Tel.: 0 75 31 / 2 52 20
Fax: 2 52 24

The Art of Being
Zum Engelberg 6
79249 Merzhausen
Tel.: 07 61 / 40 93 03
Fax: 40 93 06

Institut Die Perle der Liebe
Hauptstr. 110
71566 Althütte
Tel. + Fax: 0 71 83 / 4 25 43

Aruna Institut
Zaisenhausen 13
74673 Mulfingen
Tel.: 0 79 36 / 6 21
Fax: 6 46

Sky Dancing Institute
Feichtstr. 15
81735 München
Tel.: 0 89 / 43 65 16 01
Fax: 43 65 16 02

Institute for TRUST
Im Geiswehr 75 a
83071 Stephanskirchen
Tel.: 0 80 31 / 73 74 24
Fax: 73 74 25

Kama Center
Reismühler Weg 1
82131 Gauting
Tel.: 0 89 / 8 50 42 82
Fax: 8 50 86 99

Tantra für Paare
Friedrich-Zahn-Str. 34
80999 München
Tel.: 0 89 / 81 32 07 60
Fax: 81 32 07 59

Synthesis Love
Fefnerstr. 26
80639 München
Tel. + Fax: 0 89 / 17 33 90

Statt eines Glossars

A

AIDS: tödliche Immunschwächekrankheit – fordert uns auf, mit unserer Sexualität achtsam umzugehen

Amrita: „der Nektar der Unsterblichkeit"; bezeichnet im Tantra auch den „göttlichen Nektar" der weiblichen Ejakulation

Anale Liebe: berührt das erste Chakra und erfordert sehr viel Achtsamkeit

Ängste: dürfen und sollen beachtet und mitgeteilt werden

Anus: möchte gern ins Liebesspiel mit einbezogen werden

Aphrodisiakum: erregender Zaubertrank für mehr Lust und Vergnügen; das beste Aphrodisiakum sind nach wie vor Vertrauen, Liebe und Fantasie

Atem: spezielle Atemtechniken tragen zur Verfeinerung und Intensivierung aller Empfindungen bei

B

Becken: liebt es, gewiegt, geschaukelt und von Energie durchströmt zu werden

Bewegungen: sind Ausdruck für unsere Gefühle

Bewusstsein: lässt gewöhnlichen Sex zum tantrischen Event werden

C

Chakra: „Rad, Scheibe, Kreis"; die sieben Chakren oder Energiezentren erstrecken sich vom Anus bis zum Scheitel; wenn sie geöffnet sind, kann die sexuelle Energie frei fließen und verfeinert sich von Chakra zu Chakra

D

Drittes Auge: liegt zwischen den Augenbrauen, öffnet uns für das Geheimnisvolle und verbindet uns mit einem höheren Bewusstsein

Düfte: Tantra ist der Weg der Sinne und geht so natürlich auch durch die Nase; erfahrene Tantriker empfehlen Duftöle wie Ylang-Ylang, Jasmin und Sandelholz für die Duftlampe oder sinnliche Massagen

E

Ejakulation: muss nicht unbedingt sein; wie es auch ohne geht, ist nicht ganz leicht zu erlernen und erfordert einige Übung

Ekstase: ist möglich und unser tantrisches Geburtsrecht

Energie: spielt im Tantra eine große Rolle – Sexenergie ist Lebensenergie!

Entspannung: ist das A und O vor, während und nach dem Liebesspiel; beim Sex entspannt zu bleiben, ist das goldene Geheimnis

Erektion: wenn sie sich mal nicht einstellt, hilft am besten eine gute Portion Humor

F

Fantasien: sind gestattet und erwünscht; sie helfen, die eigene Lust zu entfachen und das Liebesspiel immer wieder anders zu gestalten

Frigidität: kommt meistens davon, dass Frauen die Lust vergeht; manchmal sind auch untrainierte Vaginalmuskeln schuld – versuchen Sie's doch mal mit dem PC-Muskeltraining von Seite 62

Füttern: kann ein äußerst sinnliches Element des tantrischen Liebesspiels sein; es empfehlen sich „erotische" Früchte wie frische Feigen, Trauben, Erdbeeren oder Bananen

G

Gehirn: manche bezeichnen es als „primäres Sexualorgan", denn hier entsteht die Lust

Gleitgel: bietet sich als glitschige Zutat für das Liebesspiel an – experimentieren lohnt sich!

G-Punkt: manche Frauen meinen ihn zu haben, manche nicht: nach Meinung der Sexualforscher finden Sie ihn mit einem gekrümmten Finger an der oberen Scheidenwand

H

Heiliger Raum: bietet den äußeren Rahmen für innere Prozesse; sollte vor und nicht während tantrischer Ritualen errichtet werden

Heilung: ist das erste was geschehen kann, wenn sich die sexuelle Fixierung entspannt

Herz-Chakra: mischt die Liebe in den Sex und fühlt sich sooo gut an

Hingabe: ist das entscheidende Stichwort für beide Partner; das Motto lautet: nicht tun, sondern geschehen lassen

Hocken: Hocübungen stärken das Becken und die Oberschenkelmuskeln

Hoden: wollen liebevoll berührt, gedrückt und massiert werden, Sie können auch mal vorsichtig an ihnen ziehen

I

Impotenz: im Tantra kein Weltuntergang. Meist psychisch bedingt und vorübergehend

Innere Flöte: heißt das Lieblingsinstrument aller Tantriker

Intimität: ist das, wonach sich jeder sehnt und was beim Sex viel zu oft fehlt

K

Kama: indischer Gott der Liebe; Entsprechung zu Eros oder Cupido

Kamasutra: anregendes Nachschlagewerk, das dazu inspiriert, mal wieder eine neue Stellung auszuprobieren

Klitoris: möchte zärtlich und äußerst achtsam berührt werden

Kronen-Chakra (oder Scheitel-Chakra): dort angelangt, spielt die innere Flöte ihr Lied von der Verbundenheit allen Seins

Kundalini: geheimnisvolle schlummernde Energie, deren Erweckung ein Ziel des klassischen Tantra ist; wird symbolisch als eingerollte Schlange am unteren Ende der Wirbelsäule dargestellt

L

Laute: dürfen und sollen ohne Rücksicht auf alte Moral ausgestoßen werden, denn sie dienen der nonverbalen Kommunikation während des Liebesaktes

Liebesfeste: dauern im Tantra länger als gewöhnlich, oft gleich ein ganzes Wochenende

Lingam: „Zeichen für die Schöpfungsenergie", meistens in Form eines Phallus; im Tantra Bezeichnung für den Penis als Entsprechung zur weiblichen Yoni

M

Maithuna: „sexuelle Vereinigung"; Name für einen rituellen tantrischen Liebesreigen, in dem sich Shiva und Shakti vereinigen

Massagen, liebevolle: dienen der Entspannung, der Erkundung des Körpers des/der Geliebten und eignen sich gut als Vorspiel; im Genitalbereich lösen sie Verspannungen und sorgen für eine gute Durchblutung

Meditation: ist der erste und der letzte Schritt für ein tantrisches Leben

N

Nabel-Chakra: auch „Hara" genannt; hier will die Sex-Energie am liebsten fließen und tanzen

Namaste: heißt die Begrüßung von Shiva und Shakti. „Namaste, ich grüße den Gott in dir. „Namaste, ich grüße die Göttin in dir."

O

OM: heilige Silbe, stellt die Urschwingung dar

Oraler Sex: lässt sich bei Frauen am besten mit einer Banane üben und bei Männern mit einem Eis

Orgasmus: im Tantra gibt es unzählige Varianten und Möglichkeiten, aber er muß gar nicht unbedingt kommen

P

Penetration: ist etwas Wuderbares, aber manchmal fördern gerade auch Begegnungen ohne sie die sexuelle Lust

Prostata: ist der männliche G-Punkt und möchte auch gerne stimuliert und berührt werden

Q

Quantensprung: ist das was es braucht um von hier nach dort zu gelangen

R

Radha: die schöne Gemahlin Krishnas; tantrisches Symbol der unendlichen sinnlichen Liebe

Rati: tantrische Göttin; Name für die weibliche sexuelle Erregung

Rituale: geben uns eine Struktur aus der neue Möglichkeiten, Begegnung und Heilung entstehen kann

Rollentausch: ist ein spielerisches Experiment wert

S

Saver Sex: sollte im Zeitalter von AIDS kein Tabu und eine Sache beider Partner sein

Selbstliebe: kann viel mehr sein als sich einen runterzuholen

Shakti: im Tantra sollte jede Frau als Göttin betrachtet werden …

Shiva: … und jeder Mann als ein Gott

Spiritualität: ist nichts, das getrennt von Sexualität existiert

Spontanität: ja bitte!

Stellungen: sollten öfters mal gewechselt werden – das bringt Fantasie ins Spiel und macht einfach mehr Spaß

Streicheln: versuchen Sie´s zur Abwechslung mal mit einer Feder oder einem Seidenschal, das kann ungeahnte Sinnesfreuden schenken

Stress: gibt es im Tantra keinen, sonst ist es kein Tantra

T

Talorgasmus: höchste Ekstase in tiefster Entspannung

U

Übungen: gibt es viele, doch die tantrische Erfahrung kommt aus dem Nichts

Umarmung: am besten mehrmals täglich ca. 5–10 Minuten

V

Vaginalmuskeln: zu trainieren bewirkt mehr als nur ein elastisches Geschlecht

Vajra: „Donnerkeil, Blitz"; tantrische Bezeichnung für den Penis

Verschmelzungsumarmung: eine Umarmung, bei dem sich die Körper zweier Liebender ganz berühren, entspannen und füreinander öffnen – fühlt sich so gut an wie das Wort klingt

Vertrauen: ist der Schlüssel für alles, was mit Tantra zu tun hat

Vorzeitige Ejakulation: lässt sich verhindern durch tiefe Entspannung und ein leichtes Drücken auf den Punkt zwischen Hoden und After

Visualisierung: unterstützt den Prozess und macht gute Laune

W

Widerstände: werden respektiert und können spielerisch überwunden werden

Y

YabYum: „das männliche Prinzip vereinigt sich mit dem weiblichen"; bezeichnet eine Liebesstellung, bei der die Frau im Schoß des Mannes sitzt

Yantra: bezeichnet ein mystisches Diagramm, das im klassischen Tantra als „Stütze" der Meditation verwendet wird – ähnlich wie das Mandala

Yin und Yang: heißen die Pole, zwischen denen sich alle Energie bewegt: männlich und weiblich, hell und dunkel, heiß und kalt, Himmel und Erde, Tag und Nacht usw.

Yoni: „Schoß, Ursprung, Quelle"; Name für das weibliche Geschlechtsorgan als Symbol des kosmischen Mysteriums

Z

Zauberstab: ist eine Bezeichnung für den Penis aus dem Tantra

Zeit zu lieben: ist das A und O im Tantra

Zonen, erogene: gibt es unendlich viele, die nur darauf warten, entdeckt zu werden: vom Ohrläppchen bis zum kleinen Zeh

Der Widder und die Liebe
ISBN: 3-8068-**1901**-7
Die anderen Sternzeichen dieser Reihe:

1902-5	Stier
1903-3	Zwilling
1904-1	Krebs
1905-X	Löwe
1906-8	Jungfrau
1907-6	Waage
1908-4	Skorpion
1909-2	Schütze
1910-6	Steinbock
1911-4	Wassermann
1912-2	Fisch

Liebeshoroskope für Verliebte: Wer mehr über seinen Partner oder die Partnerin erfahren will, bekommt hier das Charakterbild der Erwählten analysiert und die Beziehungschancen dargestellt – einfühlsam, liebevoll und nicht mit astrologischen Begriffen überfrachtet.

Alle Bücher haben 80 Seiten, sind durchgehend vierfarbig, gebunden und kosten **DM 14,90**.

Liebes-Horoskop
Von W. Noé – 120 S., kartoniert
ISBN: 3-635-**60297**-3
Preis: DM 12,90

Die Sterne prägen die erotische Anziehung und sie können der Schlüssel zu tieferer Einsicht in Bezug auf sexuelle Bedürfnisse und Vorlieben sein. Dieser astrologische Ratgeber zeigt Ihnen den Weg zu einer befriedigenden und erfüllten Partnerschaft. Finden Sie heraus, bei welcher Sternzeichenkombination prickelnde Erotik sich von selbst einstellt und bei welcher mehr Verständnis und Toleranz nötig sind.

Der immerwährende Kalender der Mondkraft
Von S. Heideweg – 160 S., kartoniert
ISBN: 3-635-**60301**-5
Preis: DM 14,90

Die Kraft des Mondes wirkt und hilft. Wie Sie davon im täglichen Leben am besten profitieren, verrät Ihnen dieser Ratgeber.

Kraft der Sonne, Kraft des Mondes
Von S. Heideweg – 208 S., kartoniert
ISBN: 3-635-**68009**-5
Preis: DM 29,90

Im Einklang mit Sonne und Mond leben – Dieser astrologische Ratgeber bietet eine umfassende Orientierungshilfe für die Zeitplanung mit den kosmischen Kräften im Alltag.

Chinesisches Horoskop
Von G. Haddenbach – 88 S., kartoniert
ISBN: 3-635-**60006**-7
Preis: DM 9,90

Im uralten chinesischen Horoskop steht jedes Jahr unter dem Zeichen eines von insgesamt 12 Tieren, die Charakter und Schicksal des Menschen beeinflussen. In diesem Buch finden Sie Antworten zu Charakter, Liebe und Schicksal.

Astrologie und Gesundheit
Von J. Rachlitz – 140 S., kartoniert
ISBN: 3-635-**60194**-2
Preis: DM 14,90

Mit diesem Ratgeber wecken Sie Ihre Selbstheilungskräfte. Erfahren Sie, was das persönliche Horoskop über Ihre psychische und körperliche Disposition aussagt und wie Sie Krankheiten als Chancen zur Kurskorrektur erkennen.

Das Horoskop der Druiden
Von C. Ludwig – 144 S., kartoniert
ISBN: 3-635-60335-X
Preis: DM 16,90

Das Horoskop der keltischen Druiden ist eine Verbindung aus Naturhoroskop und praktischer Psychologie, das die Menschen mit Bäumen vergleicht. Dieser Ratgeber verrät Ihnen, welchem Baum Sie ähneln und wie Sie Ihre Potentiale besser nutzen können.

Pendeln
Von N. Schreiber – 112 S., kartoniert
ISBN: 3-635-60332-5
Preis: DM 12,90

Pendeln kann ein faszinierendes Werkzeug für die Bewältigung des Alltags sein. Dieses Buch gibt Anleitung für eine intuitive Nutzung des magischen Pendelns, sei es zur Selbsterkenntnis oder für konkrete Probleme.

Lexikon der Esoterik
Von W. Bogun, N. Straet – 304 S., kartoniert
ISBN: 3-635-60430-5
Preis: DM 19,90

Endlich Antworten auf über 700 Fragen zu klassischen und aktuellen esoterische Themen. Dieses Lexikon bietet eine Fülle von Wissen zu Esoterik, Astrologie, Spiritualität und Ganzheitsmedizin.

Nostradamus – Prophezeiungen für das 21. Jahrhundert
Von M. Dimde – 160 S., kartoniert
ISBN: 3-635-60437-2
Preis: DM 16,90

Was erwartet die Menschheit nach der Jahrtausendwende? Der Nostradamus-Experte Manfred Dimde entschlüsselt mit seinem Decodierungssystem die geheimen Botschaften des berühmten Visionärs und Astrologen aus dem 16. Jahrhundert. Die neuesten Erkenntnisse über die Vorhersagen zu Lebensqualität, Wohlstand, Krieg und Frieden u.a. weisen auf den Beginn einer neuen Zivilisation im 21. Jahrhundert hin.

Unerklärlich!
Von J. Clark – 224 S., kartoniert
ISBN: 3-635-68006-0
Preis: DM 29,90

Geisterlichter, UFOs und Riesenkraken: Es gibt sie doch, die unerklärlichen Phänomene. Ein bestinformierter Wissenschaftler erläutert Erklärungsversuche für mysteriöse Beobachtungen.

Die Kunst, in Gesichtern zu lesen
Von C. An Kuei – 160 S., kartoniert
ISBN: 3-635-68020-6
Preis: DM 24,90

Der entlarvende Blick, wer möchte den nicht beherrschen? Dieser Ratgeber gibt tiefe „Einblicke" in die chinesische Gesichtslesekunst Siang mien und zeigt, wie man einzelne Gesichtsmerkmale deuten kann.

Stand der Preise: 1.6.1999. Änderungen vorbehalten

Johann Lafers Kochschule
Von J. Lafer – 416 S., über 860 Farbfotos,
gebunden
ISBN: 3-8068-**7372**-0
Preis: DM 69,90

Kochen lernen mit dem Profi. Diese
Kochschule zeigt Ihnen, wo´s in der Küche
langgeht. Für Sie gibt der 2-Sterne-Koch
hier sein Wissen gebündelt weiter und lässt
sich gerne über die Schulter schauen.

Italienische Küche
Von M. Kaltenbach – 224 S., gebunden
mit Schutzumschlag
ISBN: 3-8068-**4830**-0
Preis: DM 49,90

Entdecken Sie die kulinarische Vielfalt
der Feinschmeckerregionen von Piemont
bis Sizilien. Dieses Kochbuch verbindet
Rezepte und Weinempfehlungen mit
Wissenswertem zu Land und Leuten.

Amerikanische Küche
Von C. Stevenson, P. Niebergall – 128 S.,
gebunden mit Schutzumschlag
ISBN: 3-8068-**7308**-9
Preis: DM 39,90

So facettenreich wie das Land, so vielfältig
ist auch die Küche. In diesem Kochbuch
werden die einzelnen Regionalküchen der
USA und deren Gerichte vorgestellt und
alle Rezepte ausführlich beschrieben.

Die Küche Mallorcas
Von S. Kirsch – 96 S., kartoniert
ISBN: 3-8068-**2195**-X
Preis: DM 16,90

Die Insel Mallorca ist nicht nur ein beliebtes Ferienziel, sondern hat auch ihren besonderen kulinarischen Reiz. In diesem
Band warten über 60 Originalrezepte
darauf, ausprobiert zu werden.

Gewürzlexikon
Von U. Bültjer – 312 S., gebunden
ISBN: 3-8068-**4980**-3
Preis: DM 46,–

Eine unendlich große Auswahl an Würzzutaten aus der ganzen Welt steht uns
heute zur Verfügung. Dieses Buch soll Sie
mit dieser Vielzahl vertraut und sicher in
der Anwendung machen.

Raclette
Von S. Kieslich – 64 S., kartoniert
ISBN: 3-8068-**1964**-5
Preis: DM 9,90

Wer gerne Freunde zum Essen einlädt, sich
vorher aber nicht stundenlang um die
Vorbereitung kümmern möchte, für den ist
ein Raclette einfach ideal. Dieses Buch präsentiert Ihnen über 50 Rezepte für jeden
Geschmack und ein Extrakapitel
für köstliche Beilagen.

Schüßler-Salze
Von A. Rückert – 128 S., kartoniert
ISBN: 3-635-**60518**-2
Preis: DM 14,90

Der menschliche Organismus braucht
Mineralstoffe und Spurenelemente, um rei-
bungslos zu funktionieren. Dieses Buch informiert Sie über die Anwendung der
Schüßler-Salze, in denen die Zellnährstoffe
enthalten sind.

Einheimische Blütenessenzen
Von U. Rückert – 144 S., kartoniert
ISBN: 3-635-**60520**-4
Preis: DM 14,90

Nutzen Sie die Heilkraft von
Blütenessenzen für die Harmonie von
Körper, Seele und Geist. Neben den bekannten Bachblüten sind inzwischen eine
Vielzahl
weiterer Essenzen entstanden, die helfen,
Beschwerden zu lindern, Seelenblockaden
zu lösen und schwierige Situationen zu
meistern.

Die sagenhafte Heilkraft der Papaya
Von H. W. Tietze – 80 S., kartoniert
ISBN: 3-635-**60396**-1
Preis: DM 12,90

Schon lange ist den Naturvölkern die
Heilkraft der Papaya bekannt. Sie wirkt
gegen Infektionen, als Beruhigungs- und
Stärkungsmittel. Auch bei
Krebserkrankungen wird ihr heilende
Wirkung nachgesagt.
In diesem Ratgeber erfahren Sie mehr über
die Papaya und ihr Konzentrat.

Tomate – Power für die Gesundheit
Von L. und A. Waniorek – 96 S., kartoniert
ISBN: 3-635-**60519**-0
Preis: DM 12,90

Mit der Tomate gegen Herzinfakt und
Krebs? Aus den USA kommt die sensatio-
nelle Kunde, dass unser beliebtes Gemüse
nicht nur gut schmeckt, sondern auch
überaus gesund ist. Das praktische
Krankheits-ABC und die 30 wirksamen und
leckeren Rezepte machen dieses Buch zu
einem hilfreichen Gesundheitsratgeber
rund um die Tomate.

**Teebaumöl für Gesundheit und
Schönheit**
Von S. Poth – 80 S., kartoniert
ISBN: 3-635-**60344**-9
Preis: DM 12,90

Teebaumöl wird wegen seiner guten
Wirksamkeit geschätzt, es ist vielseitig und
gut verträglich. Dieses FALKEN
Taschenbuch beschreibt fundiert die ver-
schiedenen
Therapien und Anwendungen.

Grüner Tee
Von C. Teufl – 80 S., kartoniert
ISBN: 3-635-**60150**-0
Preis: DM 14,90

Grüner Tee ist ein feiner und zugleich heil-
samer Genuss. Dieser Ratgeber stellt die
verschiedenen Grünteespezialitäten vor
und informiert Sie über die richtige
Zubereitung, die Inhaltsstoffe und die
Heilwirkungen.

Stand der Preise: 1.6.1999. Änderungen vorbehalten

Märchenhochzeit
Von A. Körner, C. Ziegler – 216 S., gebunden
ISBN: 3-8068-**7360**-7
Preis: DM 39,90

Der schönste Tag im Leben zweier
Menschen ... Dieses Buch bietet Ihnen
zahlreiche Tipps und Ratschläge für die individuelle Gestaltung rund ums
Hochzeitsfest, damit Ihr Auftakt zur Ehe
ein ganz besonderer wird.

Wir heiraten
Von S. Lippe – 160 S., gebunden
ISBN: 3-8068-**7451**-4
Preis: DM 39,90

Wer eine Traumhochzeit erleben möchte,
an die sich alle noch nach Jahren erinnern,
der muss rechtzeitig mit der Planung beginnen. Dieser Hochzeits-Ratgeber hilft
dabei und bietet zahllose originelle Ideen
und Anregungen.

Ideen rund ums Hochzeitsfest
Von A. Wilke, B. Haß, S. Seyffert –
128 S, kartoniert
ISBN: 3-8068-**2075**-9
Preis: DM 19,90

Alles, was Freunde und Verwandte tun
können, damit der Start in die Ehe ein
wirklich unvergessliches Fest wird: span-
nende Überraschungen, witzige Verpackun-
gen für Geldgeschenke, liebevolle
Mitbringsel, „Gestaltungsvorschläge" für
die Wohnung des Brautpaares, tolle
Fotoideen – und natürlich die
Hochzeitszeitung.

Hochzeitsplaner
Von H. A. Augst – 128 S., kartoniert
ISBN: 3-635-**60556**-5
Preis: DM 14,90

Der ultimative Hochzeitsratgeber, der daf
sorgt, dass an alles gedacht und kein
Termin versäumt wird. Zahlreiche
Checklisten und viele erprobte Tipps zum
Zeitsparen helfen bei der Vor- und
Nachbereitung. Auf dem Weg zur unver-
gesslichen Hochzeit ohne Panik und Stress

Neue Hochzeitsreden
Von S. Harland – 112 S., kartoniert
ISBN: 3-635-**60158**-6
Preis: DM 12,90

Mit diesem Buch kann bei der
Hochzeitsrede nichts mehr schief gehen!
Eine kleine Redner-Schule gibt viele prakti
sche Rede-Tipps, und zahlreiche moderne
Musterreden liefern Ideen für Ansprachen
zu verschiedensten Situationen und Feiern

Hochzeitszeitungen texten und gestalte
Von H. J. Winkler – 120 S., kartoniert
ISBN: 3-635-**60155**-1
Preis: DM 12,90

Durch eine Festzeitung bleibt jedem
Teilnehmer die Hochzeit noch lange in
positiver Erinnerung. Außerdem tragen die
veröffentlichten Begebenheiten,
Glückwünsche und Fotos später zur
Erheiterung bei. Dieses Buch bietet Ihnen
eine Schritt-für-Schritt-Anleitung für die
redaktionelle und drucktechnische
Erstellung Ihrer Zeitung.

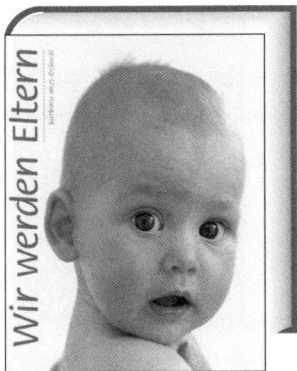

Wir werden Eltern
Von B. Nees-Delaval – 416 S., gebunden
ISBN: 3-8068-7353-4
Preis: DM 39,90

Von der Familienplanung bis zum Schulbeginn reicht die Themenpalette dieser Ratgeberreihe für Eltern und solche, die es werden wollen. Schwerpunkte sind Schwangerschaft und Geburt, Pflege, Entwicklung und Erziehung.

Weitere FALKEN ElternRatgeber:

1254-3	Ich bekomme ein Baby
2152-6	Gesunde Ernährung für Schwangere
2154-2	Liebe geben, Grenzen setzen
0531-8	Das Babybuch
1999-8	Stillen
2055-4	Babyfitness
1612-3	Mein Baby entdeckt die Welt
4953-6	Was Dein Kind Dir sagen will
7358-5	Schön in der Schwangerschaft
2053-8	Babypflege
7316-X	Wenn Kinder krank werden
2054-6	Gesunde Ernährung für Babys
2155-0	Vornamen mit Tradition
7380-1	Das große FALKEN Babybuch
2114-3	Sanfte Hilfe für Kinder: Homöopathie
1646-8	Mein Kind hat Neurodermitis
1873-8	Babyschwimmen
7417-4	Willkommen mein Baby
4884-X	Das erste Jahr mit dem Baby
1874-6	Das Geschwisterchen kommt

Unsere schönsten Vornamen
Von A. F. W. Weigel – 144 S., kartoniert
ISBN: 3-635-60372-4
Preis: DM 14,90

Der Ratgeber hilft Ihnen bei der Auswahl der schönsten Namen für Ihr Baby und gibt Tipps, worauf bei der Namenswahl zu achten ist. Außerdem erhalten Sie Informationen über Ursprung und Bedeutung der Namen sowie fremdsprachige Namensformen.

Die Kunst des Stillens
Von Prof. Dr. med. E. Schmidt, S. Brunn – 110 S., kartoniert
ISBN: 3-635-60084-9
Preis: DM 14,90

Durch Stillen können Sie Ihr Kind gesund und natürlich ernähren. Dieser kompetente Ratgeber gibt praktische Anleitungen und Gesundheitstipps für werdende und bereits stillende Mütter.

Rückbildungsgymnastik
Von H. Höfler – 112 S., kartoniert
ISBN: 3-635-60062-8
Preis: DM 12,90

Was geschieht im Körper der Mütter in den ersten Wochen nach der Geburt? Dieses Buch gibt Antwort auf diese Frage und das abwechslungsreiche Übungsprogramm zeigt, wie jede Frau durch eine gezielte Gymnastik die Rückbildungsprozesse ihres Körpers fördern kann.

Stand der Preise: 1.6.1999. Änderungen vorbehalten

Black Jack, Poker & Co.
Von M. Fuchs – 80 S., kartoniert
ISBN: 3-8068-2049-X
Preis: DM 16,90

Bridge für Einsteiger
Von B. Ludewig – 104 S., kartoniert
ISBN: 3-8068-1691-3
Preis: DM 16,90

Mühle, Dame, Halma
Von T. Hartogh – 96 S., kartoniert
ISBN: 3-8068-2050-3
Preis: DM 16,90

Schach für Einsteiger
Von E. Heyken – 128 S., kartoniert
ISBN: 3-8068-1724-3
Preis: DM 19,90

Die schönsten Kegelspiele
Von M. Mala – 80 S., kartoniert
ISBN: 3-8068-1827-4
Preis: DM 16,90

Es gibt wohl kaum etwas, das so abwechslungsreich ist wie spielen. Denn egal, ob allein, zu zweit oder in größerer Runde, ob zu Hause, auf einer Party oder auf Reisen, immer gibt es zahlreiche Spielideen – doch kennen muss man sie. Damit dies zukünftig kein Problem mehr ist, gibt es die FALKEN Spiele-Bibliothek, die kompakt, übersichtlich und leicht nachvollziehbar alle bekannten Spiele vorstellt.

Krimirätsel-Spielbuch
Von H. Bücken, D. Hanneforth –
64 S., kartoniert
ISBN: 3-8068-2051-1
Preis: DM 14,90

Zaubereien und Tricks mit Karten
Von O. Erens – 80 S., kartoniert
ISBN: 3-8068-2147-X
Preis: DM 16,90

Rommé und Canasta
Von K. Wieland – 72 S., kartoniert
ISBN: 3-8068-2149-6
Preis: DM 16,90

Skat
Von T.G. Schüssler – 80 S., kartoniert
ISBN: 3-8068-1924-6
Preis: DM 16,90

Würfelspiele
Von H. Bücken, D. Hanneforth –
80 S., kartoniert
ISBN: 3-8068-2150-X
Preis: DM 16,90

Spielideen für Partys
Von E. und H. Bücken – 80 S., kartoniert
ISBN: 3-8068-1725-1
Preis: DM 16,90